当代幼儿园教师专业发展途径与职业素养

岳慧兰 著

中国书籍出版社
China Book Press

图书在版编目（CIP）数据

当代幼儿园教师专业发展途径与职业素养 / 岳慧兰著 . -- 北京：中国书籍出版社，2022.8
ISBN 978-7-5068-9158-5

Ⅰ.①当… Ⅱ.①岳… Ⅲ.①幼教人员－师资培养－研究 Ⅳ.① G615

中国版本图书馆 CIP 数据核字（2022）第 157286 号

当代幼儿园教师专业发展途径与职业素养
岳慧兰　著

责任编辑	吴化强
装帧设计	李文文
责任印制	孙马飞　马　芝
出版发行	中国书籍出版社
地　　址	北京市丰台区三路居路 97 号（邮编：100073）
电　　话	（010）52257143（总编室）（010）52257140（发行部）
电子邮箱	eo@chinabp.com.cn
经　　销	全国新华书店
印　　刷	天津和萱印刷有限公司
开　　本	710 毫米 ×1000 毫米　1/16
字　　数	213 千字
印　　张	12
版　　次	2023 年 3 月第 1 版
印　　次	2023 年 3 月第 1 次印刷
书　　号	ISBN 978-7-5068-9158-5
定　　价	72.00 元

版权所有　翻印必究

前 言

教师问题在任何一个国家的教育改革中都是至关重要的问题，教师的专业化和专业发展越来越成为当前国际乃至社会各界关注的热点，幼儿教师的专业化和专业发展研究更是方兴未艾。学前教育是国民教育体系的重要组成部分，是终身教育的开端，幼儿教师在学前教育中发挥着至关重要的作用。在学前教育中，教师是幼儿教育活动的组织者和实施者，是学前教育最基本的力量和保证，教师专业素质的高低，一方面决定了幼儿教育的好坏，另一方面决定了幼儿园的质量。在当今社会，建立和培养一支高素质幼儿专业教师队伍尤为重要。学前教育的教育对象是身体和智力尚未成熟的学龄前儿童，这就对幼儿教师的职业素养提出了更高的要求。因此，研究幼儿教师专业发展和职业素养是我们当前的主要任务，对幼儿教师专业发展和职业素养的关注具有极其重要的理论意义和现实意义，能够极大地促进我国学前教育的改革和发展。

本书共分为五章内容。第一章内容为幼儿园教师理论基础，主要从四个方面进行了介绍，分别为幼儿园教育概论、幼儿园教师概述、幼儿园教师职业理念、幼儿园教师知识构建；第二章内容为幼儿园教师专业发展理论，主要从三个方面进行了介绍，分别为幼儿园教师专业发展概述、幼儿园教师专业核心内容、幼儿园教师专业发展现状；第三章内容为幼儿园教师专业发展途径，主要从四个方面进行了介绍，分别为幼儿园教师园本教研的参与、幼儿园教师教育技术的提升、幼儿园教师教学能力的评价、幼儿园教师专业发展的保障；第四章内容为幼儿园教师的职业素养，主要从五个方面进行了介绍，分别为幼儿园教师的文化素养、幼儿园教师的专业素养、幼儿园教师的教学素养、幼儿园教师的其他素养、幼儿园教师综合素养的提升；第五章内容为幼儿园教师的职业道德，主要从四个方面进行了介绍，分别为幼儿园教师职业道德概述、幼儿园教师职业道德行为和心理、幼儿园教师职业道德的遵守现状、幼儿园教师职业道德的提升路径。

  在撰写本书的过程中，作者得到了许多专家学者的帮助和指导，参考了大量的学术文献，在此表示真诚的感谢。本书内容系统全面，论述条理清晰、深入浅出，但由于作者水平有限，书中难免会有疏漏之处，希望广大同行和读者不吝指正。

作者
2022 年 3 月

目 录

第一章　幼儿园教师理论基础 ··· 1
　　第一节　幼儿园教育概论 ··· 1
　　第二节　幼儿园教师概述 ··· 8
　　第三节　幼儿园教师职业理念 ·· 11
　　第四节　幼儿园教师知识构建 ·· 20

第二章　幼儿园教师专业发展理论 ··· 42
　　第一节　幼儿园教师专业发展概述 ··· 42
　　第二节　幼儿园教师专业核心内容 ··· 47
　　第三节　幼儿园教师专业发展现状 ··· 64

第三章　幼儿园教师专业发展途径 ··· 66
　　第一节　幼儿园教师园本教研的参与 ····································· 66
　　第二节　幼儿园教师教育技术的提升 ····································· 77
　　第三节　幼儿园教师教学能力的评价 ····································· 87
　　第四节　幼儿园教师专业发展的保障 ····································· 90

第四章 幼儿园教师的职业素养 ·············· 98
第一节 幼儿园教师的文化素养 ············ 98
第二节 幼儿园教师的专业素养 ············ 102
第三节 幼儿园教师的教学素养 ············ 106
第四节 幼儿园教师的其他素养 ············ 113
第五节 幼儿园教师综合素养的提升 ········ 125

第五章 幼儿园教师的职业道德 ·············· 129
第一节 幼儿园教师职业道德概述 ·········· 129
第二节 幼儿园教师职业道德行为和心理 ···· 164
第三节 幼儿园教师职业道德的遵守现状 ···· 172
第四节 幼儿园教师职业道德的提升路径 ···· 176

参考文献 ································ 178

第一章　幼儿园教师理论基础

本章内容讲述了幼儿园教师理论基础，主要从四个方面进行了介绍，分别为幼儿园教育概论、幼儿园教师概述、幼儿园教师职业理念、幼儿园教师知识构建。

第一节　幼儿园教育概论

一、幼儿园的性质

幼儿园是对三周岁以上六周岁以下的学龄前幼儿实施保育和教育的机构，是学校教育制度的基础阶段，是基础教育的有机组成部分。

二、幼儿园的双重任务

幼儿园在为家长参加工作和学习提供了便利条件的同时，也促进了幼儿体、智、德、美等全方面的发展，幼儿园要坚持保育与教育相结合的原则，促进幼儿身心和谐发展。

三、幼儿园教育的原则

在幼儿园教育中，幼儿的人格和权利应当得到尊重，同时还要遵循幼儿身心发展的规律，保教并重，以游戏为基本活动，根据幼儿的学习特点，关注到其个体差异，促进幼儿的个性发展。

幼儿园教育工作的原则是：

（1）体、智、德、美诸方面的教育应相辅相成，互相促进。

（2）遵循幼儿身心发展的规律，注重个性发展，因人施教，促进幼儿健康发展。

（3）面向全体幼儿，热爱幼儿，坚持正面教育，对幼儿进行积极鼓励、启发诱导。

（4）充分利用各种教育手段，合理组织综合各方面的教育内容，使教学内容融合于幼儿的各项活动中。

（5）创造与教育相适应的环境，为幼儿活动提供良好的活动条件，也为幼儿提供展示能力的机会。

（6）以游戏为基本活动，寓教于乐。

四、幼儿园教育目标

（一）概念

幼儿园教育目标是国家对幼儿园提出的培养人的要求，具体化了幼儿阶段的教育目的，也为全国各类型的教育机构提供了统一的指导思想。

（二）我国幼儿园教育的目标及特点

我国幼儿园教育的目标是：坚持保育与教育相结合的原则，对幼儿实施体、智、德、美诸方面发展的教育，促进其身心和谐发展。

特点：幼儿身心的和谐发展是幼儿园教育的根本目的；体、智、德、美是幼儿全面和谐发展的有机组成部分；体现"以幼儿为本"的教育价值取向。

（三）制定幼儿园教育目标的依据

1. 依据社会发展的客观要求

教育是要把人类历史积累的知识、经验、技能等有计划、有组织、有目的地传播到下一代，幼儿教育具有社会属性，其本质上是要适应社会发展的需求，培养为社会服务的人。

2. 依据幼儿身心发展规律及其需求

幼儿教育的中心任务是促进幼儿身体和心理两个方面的协调和谐发展，幼儿身心发展的规律性是连续的也是阶段性的，要遵循幼儿身心发展规律，提出过高、过难或过低、过易的教育要求都是不利于发展幼儿潜能的。

3. 国家教育目的的要求

幼儿园教育目标是国家总的教育目的在幼儿园教育这一阶段的具体化。

（四）幼儿园教育目标分解

国家统一了幼儿园或学前教育机构培养人的规格和要求，即幼儿园教育目标。目标制订呈金字塔型，由下到上依次是：各个幼儿园具体的教育目标、幼儿园教育的目标、国家的教育目标，按照这个次序使教育目标逐步分解实现。

1. 根据幼儿学习与发展内容分解

（1）领域活动目标

根据幼儿身心素质发展的不同维度，我国《幼儿园教育指导纲要（试行）》将幼儿园的教育内容相对划分为健康、语言、社会、科学、艺术五个领域，并为每一教育领域制定不同的目标与要求，这就是领域活动目标。

（2）主题活动目标

主题活动，根据教育目标及相关教育内容的特点，把某一组目标及相关内容有机组织起来，围绕一个核心话题而开展的系列教育活动。主题活动目标具有一定的综合性，一般从认知、情感、技能三个维度表述。通过主题，各领域目标得以综合落实，但各领域目标的最终完成需要通过系列的主题单元。主题活动目标是围绕一个核心话题而开展的系列教育活动，把某一组目标及相关内容有机组织起来，一般是从认知、情感、技能三个维度进行综合性的表述。

（3）具体活动目标

具体活动目标，是指某一具体的教育活动所要达到的结果，或所引起的幼儿身心变化的具体要求。它是主题单元目标的具体化，具有针对性和可操作性。

2. 根据幼儿发展时间进行分解

年龄阶段（学年）教育目标、学期教育目标、月教育目标、周教育目标、日教育目标与具体活动目标（每日活动中每一环节的具体目标）。

（五）实施幼儿园教育目标应注意问题

（1）幼儿园教育目标要涵盖全面，使幼儿体、智、德、美得到全面发展；幼儿园教育目标具有长期性和阶段性的特点，在实现目标的过程中，要注重连续性和一致性，要保持各个阶段的协调和衔接；每一个层次的幼儿园教育目标都受到上一层目标的制约，所以在分解目标时方法要恰当，最终能达到总目标的要求。

（2）幼儿园教育目标正确执行的关键还是靠教师，教师必须清楚地理解教育目标的内涵与外延，掌握相应的实施技能，指导和促进幼儿的发展。

（3）幼儿园教育目标要根据实际情况及时调整。

五、幼儿教育理论

（一）建构主义理论

1. 建构主义理论概述

建构主义理论最早由瑞士杰出的儿童心理学家皮亚杰提出。建构主义的概念是，人们的知识构建是源于环境和个体大脑内部的结构之间不断地积极互动，换句话说，学习者的思维结构之间不断地平衡和再平衡，是由于环境积极参与到个体的知识构建过程中，然后个体基于新的结构能够作用于环境。由此可见，学习者是内部现实和外部现实变革的推动者。学习是以可预测的矢量和模式而展开，并非如阶段论所说的线性的或锁步的。在学习的过程中，有起步有停止，有前进有后退。在迈向更高一级的学习过程时，个体会表现出明显的突进和倒退。

许多年来，教育工作者们对儿童发展思维的一系列阶段认识和建构主义理论大体一致，即起始于感知运动阶段，然后到前运算阶段、具体运算阶段和形式运算阶段，他们包括皮亚杰本人也在质疑这几个阶段的步调一致性。早期的结构不会消失，而是会进化，以适应更复杂的机制，但是当人在面对新的事物或者新的经历时，早期的思维方式会对后期的思维方式产生影响。智力的发展也是相同的道理。但这几个阶段的学说并不能完全让人理解建构主义，需要更多的学术来进行辅助。

儿童的发展开始于协调自己的运动反应，包括反射动作和不自主动作，还有预设下的协调动作。大部分儿童在出生后的最初两年就开始了这一发展，此时他们的语言尚不流畅。皮亚杰和英海尔德把这个阶段称作"感知运动阶段"。然后就是前运算思维，或者说是前逻辑推理思维，儿童的逻辑意识开始萌芽，口头语言极大发展。随着儿童开始运用逻辑推理，他们开始与周围的环境进行即时互动。随着儿童的推理思维发展得更为复杂和准确，应用得更为广泛，他们作为学习者也变成更为抽象的思维者，这就是人们所认识到的形式运算思维。学习者不会再局限于此时此刻的具体层面,而是能够隐喻地、抽象地思维,一个人就从符号行为和记忆跃升为推理和形式思维的更高层次的运算。

2. 建构主义理论与教师

根据建构主义理论,具有建构主义理念的教师在早期教育中扮演着"共同构建者"的角色。教师和儿童一样,都应该是学习者。教师的角色是"教师/学习者",需要巧妙地设置教学情境,精心地安排各种具体的教学环节,从而启发学生的学习。在这样的教学情境中,儿童应该有多种选择,还应该有充足的时间与同伴进行游戏和互动,教学材料应该具有继发性和挑战性,成人应该给予儿童较多的鼓励。教师不应该只是集中精力于自己的教学措施,更应该注意每一个儿童的学习,只有这样才能选择最好的教学策略。选择最好的教学策略,教师需要研究所要教授的知识类型,需要思考教学所要运用的重要思想和所要经历的每个过程,需要明白儿童先前的经历、文化和思维结构,诸如此类,然后再决定最合适的教学材料和最恰当的教学活动,从而达到相应目的。教师和儿童一样,都是积极的"加工者"。加工活动的层次较高,但是可以预先规划并且详细布置,从而帮助儿童构建新的概念,产生新的意义。在一个基于建构主义理念的课堂中,总是有一种良性的嘈杂声,因为教师和学生会有走动,相互之间发生交流,讨论相关的教学材料。相当多的教学活动是以小组活动的方式进行的,或者是按照每一个学生的特点进行的。当然,教师的讲授和较为大型的分组讨论也要留出时间,予以安排。儿童上课学习所用到的课桌、地板和工作台,都应该是可以移动的,可以根据预设的教学活动做出相应改变。玩积木的空间、假装游戏的主题、艺术媒介、科学和自然标本、图书、书写材料以及其他需要动手操作的素材,都应充盈于建构主义的教学情境之中。这样的教学计划要根据每一天的具体情况安排,或者室内活动或者室外活动,既是井井有条的,又是灵活善变的。

为了营造建构主义课堂,教师在自己的"工具箱"中应该做出一系列的准备。这样的工具包括所要用到的教学材料、所要提出的问题以及在讲解新概念时所要组织的同伴活动。

(二)心理社会发展理论

1. 心理社会发展理论概述

在20世纪50年代,美国心理学家爱利克·埃里克森和琼·埃里克森最早提出了心理社会发展理论，该理论强调要在人发展的社会环境中解决每一个阶段相应的矛盾问题，这贯穿每一个人生命周期的各个阶段，即从出生到死亡的全过程。这样的阶段理论有助于教师预知每一个儿童的发展过程中的重要问题，可以帮助儿童在每一个阶段中达到一种健康的平衡状态，并且基于生活事件协调先前经历过的阶段，使之达到再平衡状态。幼儿发展阶段可以分为婴儿期、学步期、学前期和学龄期。

（1）婴儿期

婴儿期（信任/不信任）是埃里克森的心理社会发展理论中的第一个阶段，个体在婴儿期形成基本的"信任"，得到"希望"的力量，如果婴儿的需求能够得到持续、准确的满足，那么他就会与看护人之间形成一种信任的关系，那么婴儿就会认为这个世界是安全的、可靠的。婴儿会在他们所处的环境里来权衡与看护人信任或者不信任的关系。

（2）学步期

学步期（自主/羞耻和怀疑）是埃里克森心理社会发展理论中的第二个阶段，在这个阶段中，儿童有了自己的意愿，语言能力也大幅提升，"我的"和"不"这样的词汇会在在他们口中高频率地出现，比如，"我要这个，妈妈。我现在就要！"利用这个阶段的特点可以锻炼儿童的自主能力和意志力。

（3）学前期

学前期阶段（主动/愧疚）是埃里克森心理社会发展理论中的第三个阶段，在这个阶段中，儿童总是想办法自己一个人或者和其他人一起开展游戏，然后通过假装的形式来学习并且尝试应用新的知识。这个阶段的学习主要是通过游戏进行，其间儿童有着很强的自主学习的意识，可以利用这一个特点来加强儿童的自主意识，锻炼他的意志力。儿童在这个阶段表现出明显的主动性，努力尝试新的事物。提出问题，触摸周围的物体，敢于冒险，胆子越来越大，诸如这些表现，说明了他们的求知欲越来越强。如果他们的主动行为能够成功实现，他们就会变得更自信。如果他们总是失败，就会产生愧疚心理："我总是做不好，我肯定是有问题的。"这种情况与其他的阶段是一样的，一定的愧疚心理是良性的，因为这会引向道德感的形成。但如果一个儿童总是处于愧疚心理中，就会妨碍心智的健康成长。

在儿童发展的每一个阶段中，他们都具有内在的动机。在人们相互之间的关系中，儿童内在动机的驱动来自他们的运动发育和心智发展。在上一个阶段即学步期的发展中，由于能够走开或跑远，幼童产生了自主性。这个学前期阶段产生的主动性也是基于这样的身心发展：道德感开始形成，交际技能初步成熟，就有利于目标明确的行为顺利开展。儿童从人际关系中获得的快乐有利于他们不断地尝试和创造，也有助于共情的形成和发展。

（4）学龄期

学龄期（勤奋/自卑）的儿童表现出勤奋的特征，他们开始有所成效，能力得以培养。5岁之前，从最初的新生儿开始，儿童逐渐掌握了各种各样的身体动作技能和语言交际方法，也慢慢学到了在日常生活中与人相处的种种方式。于是儿童就这样长大了，可以迎接正式学校学习阶段的系统训练。

2. 心理社会发展理论与幼儿教师

在幼儿的学前期和学龄期，幼儿教师加入了他的成长过程，那么幼儿教师就需要思考：埃里克森理论对于教师教学实践的意义，与儿童互动并形成特定关系的方法，教学时间、地点和内容的安排以及幼儿学习环境的标准。

（1）学前期

学前期也可以称为"游戏期"，因为游戏是这个阶段的儿童的主要兴趣，也是他们的主要活动形式。学前期儿童在参与假装游戏的时候，扮演不同的角色，理解权力等级结构，甚至偶尔尝试禁忌行为。儿童在这个阶段形成了目的意识，埃里克森称之为主动性。假如儿童在这个阶段受到太多的局限或压制，就会形成一定的愧疚感。

三四岁的儿童同伴之间的相互关系具有重要作用，学前期的教师对此往往感到不可思议。但总的来说，学前期儿童与教师的关系才是最为核心的，因为只有教师才能在这个阶段的儿童心中激发适度的良性愧疚感。要么是教师的一句简单语言回应，要么是教师的一个眼神，要么是教师对儿童行为的奖惩。

（2）学龄期

根据心理社会发展理论，儿童在幼儿园和小学阶段会经历勤奋感和自卑感的矛盾。儿童在这个阶段开始大量学习，例如养成各种兴趣爱好、动手创作艺术作品、主动要求完成家庭作业。他们开始与同伴进行比较，但如果过分强调这样的比较，或者总是被成人或同伴挑三拣四，会造成不胜任或者自卑的感觉。儿童对别人的批评会特别敏感，如果认为别人的评价是负面的就会哭泣，甚至会毁掉自己的作品。如果这样的事情经常发生，那么儿童就会形成自卑感，而不是自信心和胜任感。

根据心理社会发展理论的教学原则，在这个阶段，教师要因材施教，注重儿童的个体差异，根据儿童现有的水平，按照一定的节奏，进行开放性的、实践性强的活动，并且让儿童自己判断作品，而不是直接给出带有判断性的评论或者问题，要激发儿童的勤奋感，同时可以增强儿童的自信心。

第二节 幼儿园教师概述

一、幼儿园教师掌握的基本教育理念

（一）幼儿为本

遵循幼儿身心发展特点和保教活动规律，提供适合的教育，保障幼儿快乐健康成长。

以幼儿为本，就是平等地对待他们，把他们当做独立的个体，尊重他们的主观意识。幼儿对于世界的认识不同于成人，他们有自己的想法。比如：组织教学活动《果娃娃》时，教师提问：香蕉像什么？一般成人可能会认为他们会回答像月亮、像小船，但是孩子们可能会回答像跷跷板，两个好朋友坐在两头玩游戏；还像滑梯，小朋友从高的地方呲溜滑下来，等等。这都是幼儿视角对于世界的认知，教师能够做到的就是因材施教，尊重他们的个体差异性，同时挖掘他们的潜能，启发他们的思路，鼓励他们更多地从自己的角度回答问题，为幼儿的成长提供更多的机会，营造良好环境。

以幼儿为本，促进幼儿身心健康发展，为幼儿提供良好的教育教学条件，营造和谐的心理氛围，同时正确地引导幼儿，让他们树立自信，对未来充满希望。幼儿的健康成长需要各方面的努力，只有各方面都不断地提高才能为幼儿的成长提供良好的环境。

（二）师德为先

所谓师德为先，就是用自己的爱心、责任心、耐心和细心贯穿幼儿教学的始终，在幼儿教师的工作岗位上兢兢业业，呵护孩子的成长，尊重幼儿人格。师爱在幼儿教学活动中至关重要，只有教师关爱孩子，也许不经意间就会在孩子心中撒下爱的种子。

为人师表，教书育人，自尊自律，热爱学前教育事业，具有职业理想，践行社会主义核心价值体系，履行教师职业道德规范，做幼儿健康成长的启蒙者和引路人。

师德是教师必备的基本道德素养和职业要求，是一种有感染力的品行，是一种自觉内化的高尚情感。自古以来，师以德为本，育师先育德。所以一名合格的教师，即是一名合格的传道、授业、解惑者。幼儿教师作为第一位启蒙老师，是教幼儿如何做人的先行者，幼儿正处于模仿性强的年纪，可塑性强，教师的一举一动、一言一行都潜移默化地影响着他们，作为幼儿效仿的榜样，幼儿教师必须不断提高自身道德水平素质，加强世界观的改造，做到正人先正己，提高自身才会为幼儿做好的榜样。在日常工作中，幼儿教师要文明礼貌、谈吐大方、待人真诚、诚实有信、表里如一、不急躁、有耐心，动之以情，以情育人，晓之以理，以理塑人，同时注重自己的形象，端庄、整洁、朴素。幼教事业平凡琐碎，但是聚沙成塔，正是因为日复一日的平凡，才成就了幼教事业的伟大，更成就了幼儿教师的伟大。教育根植于爱，师德为先是教师做好教育工作的基础，也是遴选幼儿教师的首要条件。

（三）能力为重

能够做到将学前教育理论与保教实践相结合，突出保教实践能力；研究幼儿，遵循幼儿成长规律，提升保教工作专业化水平；坚持实践、反思、再实践、再反思，不断提高专业能力。

所谓能力，就是指幼儿教师能胜任幼教岗位相关工作的要求。幼儿教师职业的特殊性，不仅要求其专业能力的门类广泛，而且技能技巧专业突出，这样才能在组织幼儿一日活动中统筹设计好各个环节，真正成为能了解、理解幼儿发展与需求的专业型教师。幼儿教师专业能力涵盖以下几点：具备了解幼儿的认知程度和心理生理特点的能力；具备驾驭课堂的能力和组织幼儿的能力；对教学内容的深入探究与辨别能力；具备儿童化的语言表达能力；具有一定的教学研究能力，掌握一定的教育基本理论，并能在实际工作中灵活运用；具有创新意识、创新能力和教科研能力；能运用现代化信息技术进行教学。

学前教育是综合性和实用性很强的专业。每一名幼儿教师需具备的专业技能是多方面的，作为一名教师，要想实现自我不断发展的专业成长，这些基本能力的具备是解决好日常教育教学活动的基础，也是成为一名优秀幼儿教师的必备条件！

（四）终身学习

所谓终身学习，是指幼儿教师要不断增加知识储备，让自己的知识永不枯竭，同时坚持思考和学习，优化知识结构，提高文化素养，并且不断摸索新的教学方法，改变自己的教育理念，学习先进学前教育理论，了解国内外学前教育改革与发展的经验和做法，尤其是要加强学习现代化教学手段，并且能够熟练运用，具有终身学习与持续发展的意识和能力，做终身学习的典范。"师者，所以传道授业解惑也。"这就要求教师要有广博的知识，要做一名合格教师，必须不断学习，才能更好地满足幼儿旺盛的求知欲。许多优秀的教师在每一次教学活动的设计与实施当中，都会将自己学习的新知识和新理念充实到教学活动当中，这就要求教师转变观念，树立终身学习的态度，博览群书，不断充实自己的知识。教师也要转变学习的方式，从被动、机械的学习变为主动、探究的学习，从教材课程、参考资料的学习转变为实践性的学习，积极参加教培活动、专家讲座还有培训学习，多与其他教师进行研讨，多与专家沟通交流，打破学习的局限性，提高职业素养。

二、幼儿园教师掌握的基本技能

幼儿教师需要掌握的基本技能，主要包括以下几个方面：

（1）掌握幼儿园各领域教育的学科特点并能组织教学活动。主要是指幼儿教师在活动设计和组织时，要掌握各领域教学活动的核心知识要点和组织教育教学活动的方法与技能。

（2）掌握环境创设的能力和一日活动组织的能力。环境创设的能力，主要指教师有环境设计规划、动手操作、挖掘环境教育价值的能力。一日活动组织的能力，主要指幼儿教师有组织幼儿开展一日各环节活动的教育能力。幼儿教师在创设幼儿园环境时，要考虑它怎样与课程、幼儿生活、游戏相结合，怎样让这个环境和幼儿之间产生互动。

（3）掌握不同年龄幼儿身心发展的特点、规律，促进幼儿全面发展的策略与方法。主要指教师根据幼儿的年龄及其身心发展的特点，采取恰当的教育方式和手段，以促进幼儿的身心健康发展。

（4）掌握与家长、幼儿沟通的基本能力。主要指教师通过与幼儿和家长的互动沟通，来达成观点的双向交流，并为彼此新关系的创造提供动力，这就要求教师必须有很强的沟通能力，从而对幼儿产生积极正面的影响。

（5）掌握弹唱、绘画、舞蹈、讲故事等技能。主要指幼儿教师从事幼儿教育、教学的基本功，这几项也是幼儿教师开展教育活动必备的基本技能。

第三节　幼儿园教师职业理念

一、职业观

（一）职业

1. 职业的概念

职业是人们在社会中所从事的作为谋生手段的工作。从不同的角度来看职业有着不同的定义：从国民经济角度看，经济活动中需要大量的人力资源，而职业就是专门的劳动岗位，各个职业的性质、内容、形式和操作方法都不同；从社会角度看，职业是劳动者的社会角色，劳动者通过承担社会上的责任和义务，并以此来获得报酬。

2. 职业资格与职业规范

职业资格是对从事某一职业所必备的学识、技术和能力的基本要求。职业资格包括从业资格和执业资格。从业资格是指从事某一专业（职业）学识、技术和能力的起点标准。执业资格指的是针对某些责任较大，社会通用性强，和公共利益息息相关的专业（职业），政府对其实行准入控制，若想从事某一特定专业（职业）或者依法独立开业，执业资格就是其领域对于学识、技术和能力提出的必备标准。

职业的规范性包括职业内部的规范操作要求性和职业道德的规范性，这是职业规范的内涵与外延。所谓内部规范操作要求性是对职业活动的专业性要求，任何职业在劳动过程中都要规范操作。所谓职业道德的规范性就是指对外展现服务的时候，其伦理范畴的规范性，也就是职业道德。

（二）教师职业

1. 教师职业的特征

（1）示范性

教师职业具有"向师性"，教师无论是否意识到，其言行都会对教育对象产生潜移默化的影响，教师劳动对象的这一特点决定了教师劳动具有鲜明的示范性。要完成肩负的历史使命，每一位教师必须努力在学生乃至整个社会面前建立起更高的道德威望和良好的道德形象，成为全社会的道德楷模和典范。

（2）复杂性

教师职业具有复杂性，主要表现为教育对象的未完成性、多重因素的影响性、教育对象的个体差异性以及育人工作的复杂性等方面。

成长中的儿童是一个未完成的人、具体的人。人的"未完成性"需要教育来发展人的能力、精神和素质。具体的人是一个复合体，他有自己的个性，有自己的历史，社会的、经济的、职业的、生物的、地理的、文化的因素会随着年龄的增长逐渐形成自己的个性。

作为具体的人的儿童，个性是千差万别的，需要是各不相同的，教育实践对象的特殊性加深了教育的复杂性。

（3）创造性

教师劳动的创造性首先表现在因材施教上。教师不仅要针对集体的特点进行教育，而且还要针对学生的个体特点进行教育。教育有规律可循，有原则可遵，但无框框可套，"教学有法，但无定法，贵在得法"说的就是这个道理。没有一种教育方法是能够包治百病的"灵丹妙药"。

教师职业的创造性表现在对教学内容的处理和加工上，教师备课就是在深入钻研教材和了解学生的基础上，对教材的加工，就像导演对剧本再创造一样，教师对教材也需要再创造。创造性还表现在教育机制上，简单地说，教育机制就是要对突发性的教育情境做出迅速、恰当的处理。

　　2. 教师职业的价值

　　（1）劳动价值

　　教师的劳动不仅能够满足社会发展的需要，也能满足教师个人生存、发展和自我实现的需要，因此，教师的劳动价值是由社会价值和个人价值构成的。教师的劳动价值是社会价值与个人价值的统一。

　　教师劳动的社会价值是指教师在教育教学过程中因劳动而产生的满足社会需要的意义。它是教师劳动价值的主要属性，也是体现教师社会地位和教师个人价值的重要标志。

　　（2）社会价值

　　教师社会价值表现在：第一，教师劳动是精神文明建设的重要推动力。教师是人类文化的传播者，是学生智能的开发者，是学生品德的培养者，是新知识新技术的创造者。第二，教师劳动为物质文明的发展提供精神动力和智力支持。第三，教师劳动对受教育者的成长发展起主导作用。教师在与学生共同进行的教学活动和日常交往中所表现出来的丰富学识、高尚品德、良好的习惯、坚强的意志等个性特征，都对学生人格的形成起着潜移默化的作用。

　　（3）个人价值

　　教师个人价值表现在：第一，教师劳动风险小，比较稳定，比较有保障。第二，教师劳动的精神消耗，能够在比较有规律和富有弹性的劳动作息时间内得到较好的补充和调剂，一年中两个假期是对教师劳动的某种补偿。第三，教师运用自身经历影响学生的劳动过程，也是教师发挥创造精神、施展自身才能的过程，满足了教师更高层的精神需要，实现自我价值。第四，教师劳动不仅能在教育过程中获得经验，也有助于自身专业技能提高，而且教师享受的师生情谊，有利于调节心理状态，保持青春活力。

　　可见，教师职业是社会价值和个人价值的统一，师范生要在自身专业不断发展的前提下，更好地理解教师职业的社会价值和个人价值，并且在工作中能够很好地处理这两种价值之间的辩证关系,同时还要树立终身从教的决心和乐教的信心。

(三) 教师职业观

1. 教师职业的性质

教师职业是一种专业性职业。教师是教育者,主要职责是培养合格的社会人员,使人类社会的发展得以延续;教师是促进个体社会化的职业,个体从自然发展成社会人势必要经过社会的教化,不断接受人类社会的经验和文化,只有这样,个体才能实现社会化,才能适应社会的生活。其中,教师的身份特征是专业人员,职业特征是教育教学,职业使命是教书育人。

2. 教师的职业责任

教师的职业责任是指教师在实际工作中所应承担的责任和义务,教师的职业责任包括两个方面:促进学生个体发展和促进社会进步。这就要求教师在履行自己的工作时,自觉关注学生的成长与需求,同时肩负社会责任,培养社会主义现代化事业的建设者和接班人。教师的根本职责,即教师的根本任务,是教书育人,全面实现教育目的。教师的具体任务包括:教师教学工作的管理、学生思想教育的管理、关心学生身心发展及生活、提升自身职业素养等。

3. 教师的职业观

教师职业观是指教师对教育和教学工作的认识、态度和观点,即对教师职业的理解、认识和情感投入,是教师选择自己职业的指导思想。教师职业观主要包括依法执教、爱岗敬业、专业发展、为人师表和团结协作等几个方面。

(1) 依法执教是指按照教育法律规定,教师要使教学工作规范化和法制化,并且在教学活动中依法行使权利,自觉履行义务。教师的教育教学行为要在法律法规所允许的范围内进行。这里所说的法律法规包括党和国家的教育方针、教育政策和教育法律法规。

(2) 爱岗敬业是爱岗与敬业的总称。爱岗就是热爱自己的工作岗位,热爱自己的本职工作,这就要求教师忠诚于教育事业,有正确的理想和信念,有充足的学识、阅历和经验,鼓励学生对真善美充满向往和希望;敬业,就是以极端负责的态度对待自己工作,即恪尽职守和精益求精。这就要求教师无私奉献、忘我工作，把自己的情感和温暖倾注到每一个学生身上，同时要欣赏每一个学生，帮助学生树立自尊、增强信心，让学生身心都能健康发展，让他们享受学习，体验成功的喜悦。

（3）教师专业性是指教师要有丰富的人文知识、深厚的文化底蕴和现代科学文化知识，应具有特定的专门学科知识、教育学知识、学科教育学知识、实践性知识等。具有专业情操，教师能对教育教学工作进行理智的价值评价。具有高尚的职业道德观念和职业道德精神，履行职业责任，满足社会需要。实现教师自我认同感、自我满足感、自我信赖感和自我价值感。

（4）为人师表指的是教师的职业道德，又称"师德"。它是教师在从事教育劳动中所遵循的行为准则和必备的道德品质。教师职业道德是社会职业道德的有机组成部分，是教师在教学、言语、交际、个人生活等方面的道德要求。它属于自律范围，没有强制性，但从道义上规定了教师在教育劳动过程中以什么样的思想、感情、态度和作风去待人接物，处理问题，做好工作。

（5）团结协作指教师的个体性劳动是整个学校教育劳动的一部分。要求教师遵守组织秩序、执行命令和履行职责行为规范，要求教师为实现共同的教育目标发扬团结协作的精神，做到互相信任、相互支持和相互协作。

（四）我国幼儿园教师职业观现状

我国正处于社会变迁的改革时期，幼儿园的改制使得幼儿园办园性质多样化，社会上既有政府办的公立幼儿园，也存在大量的民办和私立幼儿园，从而使幼儿教师所在的幼儿园环境非常复杂，有别于性质统一的义务教育范围内的中小学教育。

传统的教师观念，造就了教师职业的"崇高"，吐丝的春蚕，燃烧的蜡烛，多少都意味着"无我"，意味着牺牲，意味着无私奉献这种颇有悲壮色彩的美。教师职业的魅力可能主要在此。幼儿园教师在园中的三种角色，即要成为孩子们生活中的妈妈，学习中的老师，游戏中的伙伴。在一日生活中通过对幼儿的观察进行教师角色的判断，根据不同的教育情境变换三种不同教师角色，以满足孩子们的需要。于是，职业倦怠就难以避免。因为，这种职业生活过程本身太乏味，太缺乏创意，教师的才智得不到充分的发挥，自身的价值得不到充分的体现，付出远远大于收获。

幼儿园教师大多感到压力大，工作任务重，待遇低，既没有经济地位，也没有社会声望，有离职的念头。幼儿园教师是长时间与孩子密切打交道的人，最容易出现职业倦怠问题。教师普遍认为这个职业付出与回报不成正比。同时对经济收入的期望值低于实际很多，也造成了较低的职业认同感。幼儿园教师更看重该职业带给自己的内在尊严与快乐，而且从相对传统的角度来看，女性有了一份固定收入就已经能够赢得社会和家人的尊重，因而对经济收入的期望值也影响了个人职业观的形成。所有这些都表明，幼儿园教师特别是年轻教师的职业观念形成难度较大。

二、教育观

教育观是人们对教育所持有的态度和看法，具体来说就是人们对教育者、教育对象、教育内容、教育方法等教育要素的属性和相互关系的认识，以及对教育与其他事物之间相互作用而产生的教育功能、目的和意义等的看法。

教育观中最本质、最核心的内容体现为"教育为了什么""为谁培养人""培养什么人"和"如何培养人"，即"教育目的"问题。教育目的是教育要达到的预期结果，反映了教育在人的培养规格标准、努力方向和社会倾向性等方面的要求。

教育观与一定的社会政治、经济和文化制度有关。在阶级社会中，教育是为培养统治者服务的，是少数人的教育；在社会主义社会里，教育是为人民普遍的教育需要服务的，是人民的教育。各教育要素在一定的社会历史条件下形成各种关系，也会导致教育观的不同，如强调以道德教育为教育之首就会形成德育中心的教育观，强调以教育者为中心开展教育活动则会形成教师中心的教育观。教育观在人类社会中的存在状态是多样的和发展的，它的形成既受客观物质和社会条件的制约，也受人们对教育、社会和个人相互关系认识的影响。

每个教育工作者都应该树立科学的素质教育观，这与当代中国的教育观是相符的，并且有利于人的全面素质的提升，教育者应意识到现代的教育活动应当是使人全面发展，整体品质提升。

三、保育观

（一）全面的保育观

传统的保育，主要是指对幼儿的身体方面进行保护和照顾，比如体检、生活作息、膳食营养、锻炼与安全、疾病防治等，这种理解是很不完整的。随着社会的发展，健康的概念日趋完善，人们对幼儿生理、心理和教育进行深入研究与探讨，有关幼儿保育的概念也在不断地得到扩展和深化。保育的观念从"安全保护与卫生"扩展到"实施教育过程中生理、心理和社会保健"，从传统的"保护身体发育"扩展到"促进幼儿个性发展和社会适应能力的提高"。这种新型的保育观将保育与教育有机地结合起来，这也要求教育工作者在搞好传统保育工作的同时，更要重视"保"与"育"的相互作用过程，反映了未来社会与人才发展的实际需求，体现了全面发展的教育观。

学前儿童保育学主要研究学前儿童身体保育和心理保育两个方面，在保护身体发育的基础上，促进学前儿童个性发展和社会适应能力的提高，在实施教育的过程中，注重学前儿童生理、心理和社会保健。既要考虑幼儿的年龄特点而给予必要的保护、照顾，又要培养形成幼儿健全的人格；既要考虑幼儿现实的需要又要适应幼儿成长的需要。即要有正确的现代保育观。

（二）保育工作的特点

1. 目的性与教育性

幼儿园的保育工作具有更直接的针对性，它是按社会的要求，以国家的教育方针、教育目标为依据，结合幼儿园教育任务和工作目标，同时针对本班幼儿实际，将目标具体化，从而实施教育工作，使教育目标真正落实到本班幼儿身上。

班级的一切工作、一切教育与管理手段均具有教育性，例如生活制度的制定与执行、常规的建立、活动安排、环境的创设与利用等对幼儿都具有教育影响。

2. 全面整体性

托幼园所的目标是促进幼儿的全面发展。保育工作要促进幼儿身体和心理健康成长。另外，在班级保教过程中，教师应该面向全体幼儿，注重幼儿发展的整体性和全面性，注意全班整体水平；同时也应该注重幼儿的个体差异性，针对每个幼儿不同的特点加以引导和启发；在日常活动中，教师应当整合各项活动，提高整体效应，让每项活动都能充分发挥对于幼儿成长的重要价值。

3. 控制性

班级保教人员既作为教育者又作为班级教养工作的组织管理者，在保教过程中起主导作用。这一主导作用表现在，无论是直接"教"还是间接"教"，保教人员都控制着"教"的过程和方向，引导幼儿向着教育目标的方向发展。

四、教学观

（一）教学观的概念

幼儿园教师的教育教学观是指教师对教育教学活动的根本认识、看法和态度及与此有关的一系列观点的总和。教师对教学内容的选择和处理，对教学方式和方法、教学手段的选择，对教学过程与教学结果的认识，对师幼互动、教学目标、教学评价的理解，在一定程度上可以反映教师的教育教学观。现代的教育教学观较之传统的教学观念，发生了很大的变化。

（二）教学目标在于促进幼儿的一般发展

21世纪的基础教育把每个学生潜能的开发、健康个性的发展、为适应未来社会发展变化所必需的自我教育、终身学习的愿望和能力的初步形成作为最重要的任务，这与传统教育中把基础主要定位于基础知识、基本技能和技巧的训练有很大的区别。"基础教育再不能仅限于教孩子们读书、写字和算术，它还应当教导人们学会做人，学会做事，学会学习，学会与他人共同生活。"这些体现终身教育理念的教育观直接影响着幼儿教育价值追求。正如《幼儿园教育指导纲要（试行）》中明确指出的幼儿园教育是基础教育的重要组成部分，是我国学校教育和终身教育的奠基阶段，它要为"幼儿一生的发展打好基础"，因此，幼儿园教学要坚持可持续发展的原则，注重培养影响儿童一生的品质，为儿童的后继学习和长远发展奠定基础。21世纪基础教育最重要的任务就是开发每个学生的潜能，使其个性健康发展，能够让学生适应未来社会发展变化，让学生初步形成自我教育和终身学习的愿望与能力。传统教育更注重基础知识、基本技能和技巧的训练，而21世纪的基础教育与传统的教育是不同的——"基础教育再不能仅限于教孩子们读书、写字和算术，它还应当教导人们学会做人、学会做事、学会学习、学会与他人共同生活。"幼儿教育价值追求直接受到这种体现终身教育理念的教育观的影响。《幼儿园教育指导纲要（试行）》中明确指出幼儿园教育是在为"幼儿一生的发展打好基础"，幼儿园教育是基础教育的重要组成部分，是我国学校教育和终身教育的奠基阶段。因此，幼儿园教学要在可持续发展的原则下，注重培养影响儿童一生的优秀品质，为儿童的后继学习和长远发展奠定基础。

由此，幼儿园的教学目标应该基于幼儿基本素质的培养，培养幼儿的良好习惯和品性，如强烈的求知欲和学习兴趣、初步的合作意识、责任感和人际交往能力与关心环境等，而不是以掌握学科知识和专门的技能为主要目的。

五、儿童观

（一）幼儿教育的全面发展观

关于"人的全面发展"的思想是我国确立教育目的的理论依据。"对幼儿实施体智德美诸方面全面发展的教育，促进其身心和谐发展"是幼儿教育的根本任务。幼儿教育的全面发展观应从以下几个方面理解：

（1）幼儿的发展是全面的整体的发展而不是片面的发展，这就意味着教育必须提高幼儿体智德美诸方面的水平，不能忽视任何一个方面的发展。

（2）全面发展并不等同于平均发展，并不意味着体智德美各方面要齐头并进的同一水平发展。

（3）全面发展是协调的发展，体智德美各方面并不是孤立的发展，而是统一于幼儿身心各方面，相互促进、不可分割。

（二）科学儿童观的内涵

"育人为本"是教育的生命和灵魂，是教育的本质要求和价值诉求。"育人为本"就是把人作为社会主体和中心，重视人本身的发展。在社会发展中，"育人为本"的终极目标就是满足人的需要、提高人的品质、实现人的全面发展，这也是"育人为本"思想的实质；在快速变化、复杂多元的社会环境中，要统一人文精神和科学精神、全面发展和个人发展，只有这样才能做出正确的选择并且实现创新。

科学儿童观体现了"育人为本"的基本精神，其内涵可以从以下几方面来理解：

（1）儿童是人

儿童作为人，具有和成人一样的人格和尊严，教育要以幼儿为本，关注并尊重幼儿的人格和尊严。

（2）儿童是发展中的人

儿童身心正处于发展之中，不能把他们等同于成人，或把成人的一套标准强加于他们。儿童需要科学合理的照顾与保护，享有快乐的童年；儿童需要与他们身心发展水平相适应的教育，使潜能得到充分、自由的发展。

（3）儿童是权利的主体

法律赋予儿童与成人平等的权利。1959年，联合国大会通过《儿童权利宣言》，肯定儿童和成人一样，应当得到人的尊重，享有生存、生活和学习的权利，成人和社会应当保障儿童的这些权利。1989年，联合国大会通过《儿童权利公约》，为保护儿童和保障其权利制定了一套全面的国际法律准则。

（4）儿童期有自身的价值

儿童期不只是为成人期做准备，它具有自身存在的价值。每个健康的儿童都拥有巨大的发展潜力，儿童的本质是积极的，他们本能地喜欢和需要探索学习，他们在各种丰富的活动中不断建构他们的认知结构和精神世界。

第四节　幼儿园教师知识构建

学前教育工作与中小学教育一样，幼儿教师只有具备合理的知识结构，才能胜任幼儿教师这一特殊的工作岗位要求。幼儿教师工作需要掌握的基本知识，主要包括幼儿发展的知识、幼儿保育和教育知识与通识性知识。

一、幼儿发展知识

（一）幼儿身体发展规律

幼儿的身体发展非常迅速，但其生长发育并非直线上升，而是呈波浪式的发展,有时快些,有时慢些。另外,身体的不同部分也非同步发展,而是交替着进行。随着生理的成熟,幼儿的动作与运动能力也不断发展。由于身体发展有先后次序,动作发展也表现出一定的时间顺序和规律。

幼儿在生长发育过程中,受遗传和环境因素的影响,表现出较大的个体差异,但大体上仍存在一定的发展趋势和规律。从新生儿一直到幼儿期,儿童的身高体重、身体比例、骨肌肉和神经系统等重要的内部系统都在发生重大的变化。

1. 身高和体重的变化

身高和体重是幼儿身体发育的两个重要指标,根据我国对九个城市有关调查研究报告显示,正常新生儿平均身高在49—51厘米,平均体重在3.1—3.3千克;到1岁时,平均身高达约77.3厘米,体重达约10千克,分别是出生时的1.5倍和3.1倍;1—2岁时,幼儿生长的速度逐渐缓慢,2岁男童平均身高约89厘米,体重约13千克,每年约递增2千克。

幼儿期儿童的身高体重增长相对稳定,即如果一个幼儿在2岁时比同龄幼儿相比较高较重,那么到了6—7岁,仍然是同龄人中较高、较重的。幼儿期儿童的身高是他成年期身高较好的一个预测指标。

2. 身体比例的变化

新生儿看起来头特别大,新生儿头部的大小已经是成人时头颅大小的70%,占整个身长的1/4。随着年龄的增长,到五六岁时,幼儿身体各部分的比例越来越接近成人。幼儿身体各部分生长的速度并不相同,但正常发展都遵循着两条基本原则:头尾原则和近远原则。头尾原则是指身体发育是从头部延伸到身体下半部。依次是:头部—颈部—躯干—下肢。近远原则是指身体的发育从身体的中部开始,延伸到边缘部分。最先发育的是头部、胸腔和躯干,然后是上臂、大腿、下臂和小腿,最后是手和脚的发育。在整个婴儿期和幼儿期,胳膊和腿的生长速度继续快于手和脚的生长速度。

3. 骨骼发展

出生时婴儿的大多数骨骼都是柔软而有韧性的,因此不易发生骨折。当试图去拉新生儿时,你会发现他们不能站立或保持身体平衡,因为他们的骨骼太小、太柔软。幼儿的骨骼密度较小,但弹性非常大,可塑性强,因此可以适当进行一些舞蹈、体操等项目的训练。但如果幼儿长期姿势不正确或受到外伤,就会引起骨变形或骨折，因此要注意观察幼儿的姿势，练习时间也不宜过长。

牙齿的生长是幼儿骨系统发育的另一个重要指标，通常5—6岁幼儿开始换牙，即换掉乳齿长出恒牙。换牙的早晚受到身体成熟程度和环境因素的影响，长期营养不良可能推迟换牙出现的时间。乳齿会自然脱落，但乳齿的损坏会影响恒牙的健康，因此要教育幼儿重视对乳齿的保护，养成刷牙的好习惯，预防龋齿的发生。

4. 肌肉的发展

头尾原则和近远原则是幼儿肌肉发育遵循的两大原则，头部和颈部的肌肉成熟得比躯干和四肢的肌肉早，在大肌肉群发育时，小肌肉群发育还不完善。3岁幼儿的大肌肉群比小肌肉群发达，5—6岁时小肌肉群才开始发展，但还不够发达。所以幼儿可以做一些精细活动，比如手工制作，但是因为精细运动的协调能力差，也会比较容易疲劳。

5. 神经系统的发展

新生儿眼球运动不协调、动作混乱、无次序等，这是因为其体积很小的脑细胞和不发达的神经纤维的长度和分支，此时他的大脑和神经系统的结构才初具形。随着年龄增长，新生儿睡眠时间明显减少，活动时间明显增多，这是因为他的脑细胞的体积增长，神经突触的数量和长度不断增加，皮质兴奋机能增强。

到幼儿期，他可以有意识地控制并且减少自己盲目性和冲动性的行为，在这个时期帮助幼儿养成良好的习惯并形成优良的个性，是非常有利的，因为此时幼儿的神经系统继续发展。2岁之后，脑神经纤维出现了由水平方向往竖直方向延伸的分支，神经纤维髓鞘化基本完成，大脑抑制过程增强，整个脑皮质达到相当的成熟水平。

6. 幼儿身体发展规律在教育中的应用

幼儿园教师必须在遵循幼儿身体发展规律的前提下设计和组织活动，包括教育目标的设立、活动内容的选择到活动的开展。例如对小班幼儿，可以选择"蚂蚁运粮食""小兔种萝卜"等内容简单、有趣、身体动作技能要求低的游戏，通过让幼儿模仿蚂蚁爬、小兔跳的动作，锻炼幼儿动作的灵活性和协调性，激发幼儿参与活动的兴趣。对中、大班幼儿，可以选择走平衡木、投掷、钻、爬等这些大肢体、具有一定综合性的运动，因为这些活动内容较复杂且有多个情节、动作技能，可以锻炼其身体协调能力。

（二）幼儿社会性和情感发展

幼儿的社会性和情感发展特点，既给父母和教师带来了欢乐，有时也带来了烦恼。幼儿在与他人的关系、自我理解、理解和调控自己的情绪等方面都有很大的发展。然而，发展道路并不平坦，所有的幼儿都要努力解决社会性和情感问题。

幼儿与保教人员结成友爱的关系，是高质量的幼儿园教育环境支持幼儿发展过程的关键因素。这种支持对所有幼儿都很重要，对那些社会性和情感发展存在问题或家庭和社区环境存在不利因素的幼儿更为重要。

幼儿园阶段的积极的社会性和情感发展，为幼儿当下及后续阶段的认知和学业能力发展奠定了良好的基础。幼儿教育工作者日益强调社会性和情感发展与读写发展、数学概念的理解一样重要，并在课程的规划和实施中应给予同等重视。

幼儿园阶段是幼儿形成积极的学习态度和行为的关键时期。这些态度和行为与社会性和情感发展密切相关，但又会影响幼儿在所有领域的发展和学习。

学习品质包括儿童的学习热情（即兴趣、快乐、学习动力）和学习参与（即集中注意力、有坚持性和灵活性、调控自己的想法和情绪及行为）。有学习热情、参与度高的儿童更有可能在幼儿园及后续阶段获得学习成功。

幼儿有自己天生的气质类型，但不会生而具有积极或消极的学习品质。他们在家里和托幼机构里的经验，可能支持或挫伤其学习的热情和对学习参与的积极性。

1. 社会性发展

在幼儿园阶段，幼儿开始成长为社会人。3岁幼儿会骄傲地使用"我的朋友"这一词组，即使他们还没有完全理解友谊的含义。在幼儿园里，幼儿也开始与父母之外的其他成人——最重要的是他们的教师，建立持续的亲密关系。

这一部分主要探讨幼儿社会性发展的四个方面：

（1）社会互动、与教师和同伴的关系和友谊

与3岁之前相比，大部分幼儿都有更广泛的社会生活。即使是自婴儿期就进入托幼机构的幼儿，现在也与家庭之外的其他成人和幼儿有更多的联系，幼儿对此也有更强的意识。幼儿通常与他们的教师关系密切并形成依恋，这与对父母的

依恋相似但不完全相同。这种关系至关重要。与教师建立积极关系的幼儿会更积极主动地参与幼儿园活动，在后续阶段也会表现出更强的社会能力。

在3—5岁时，同伴的作用也日益增强。与学步儿相比，大多数幼儿以更复杂的方式、更频繁地与同伴互动。虽然许多幼儿仍然独自游戏或平行游戏，但他们有更强的能力开启和维持角色游戏——即有能力就游戏主题达成一致意见，扮演复杂的角色，与同伴开展较长时间的游戏等。丰富的角色游戏经验不仅能发展幼儿的社会能力，还能提高幼儿的语言和读写技能、自我调控能力和后续的学校成绩。

幼儿通常很珍视他们的友谊。这一年龄的大多数幼儿有自己的朋友，虽然不一定是最好的朋友。交朋友的能力很重要：容易交到朋友的幼儿会有更强的自我调控能力，能更好地理解他人的想法与感受。然而，幼儿的友谊并不总是和谐美好，他们与朋友的冲突比与其他幼儿的更多，因为他们与朋友相处的时间更长。幼儿更可能以非攻击性的方式解决与朋友的矛盾冲突，与朋友的合作比与不是朋友的同伴更多。

伴随语言和社会理解的发展，幼儿园阶段的儿童能够与同伴聊天，谈论感兴趣的事情，并调整自己的语言以让对方更好地理解自己。

（2）亲社会行为的发展

当幼儿以亲社会的方式行事时，他们会出于对他人的关心而自愿地帮助别人——这些行为被称为"关爱""分享""帮助"。3—6岁幼儿开始表现出更频繁的亲社会行为。

幼儿亲社会行为的增加受到多方面因素的影响。幼儿的认知发展使他们能够更好地理解他人的情绪和感受，更多的社会经验也增进了他们的社会理解。与此同时，成人通常对3岁以上的幼儿持有更高的期望，期待他们表现出更多的助人行为。

当然，一些幼儿的亲社会行为要多于其他幼儿，而且这种差异会延续到更大的年龄。那些自我调控能力强的幼儿能够更好地关注和理解他人的情绪，并在需要时提供帮助。当幼儿与父母建立温暖、安全的亲子关系，当父母帮助幼儿关注他人情绪、支持幼儿的助人行为时，幼儿会表现出更多的助人行为。高质量托幼机构中的幼儿，以及与教师建立了安全依恋关系的幼儿，更可能善解人意并表现出亲社会行为。

（3）攻击性行为和其他问题行为

与学步儿相比，3岁以上的幼儿在不高兴时，不会再大发脾气、使性子，也很少打别的小朋友。有关物品所有权的争夺以及同伴间的观点差异仍会激发攻击性行为。

在幼儿园阶段，关系性攻击成为一种表达攻击性情绪的方式。幼儿会运用他们发展完善的认知和语言技能来有目的地伤害他人的情感。在幼儿园阶段末期，幼儿会出现这种关系性欺凌和身体欺凌，这些对施加欺凌和被欺凌的幼儿都有消极影响。

许多因素影响幼儿是否使用攻击性行为或其他挑衅行为。困难型气质幼儿以及冲动、易怒、易分散注意的幼儿，更可能做出具有攻击性的反应。另外，一些幼儿难以分析和处理其他幼儿的动机信息。例如，一些幼儿可能会以负面消极的方式解读社会性情景，他们更可能认为其他幼儿的行为充满敌意。

（4）与他人相关的自我认识

在进入幼儿园之前，幼儿就已经有自我意识。幼儿获得了充分的自我认知，但这种自我认识还不是很具体。幼儿对自我的认知通常是"全"或"无"的模式；这一年龄的幼儿较难理解他们有相反的性格或感受。

自我描述慢慢地发展成自我效能感，这是幼儿对自身价值与能力的自我评价和判断。幼儿通常对自己的不同方面有不同的评价。一直到儿童期后期，儿童才形成对自己的整体评价，认为自己能干、有价值，或无能、没价值。

幼儿对自己的这些看法主要来自别人怎么看待他们——包括成人和其他儿童。幼儿在幼儿园及其他环境里能够获得成人的支持与接纳，形成对成人的安全依恋，更可能有较高的自我效能感。相反，被虐待的幼儿可能认为没人爱自己、自己是无能的。

文化也会影响幼儿自我认同的形成。许多文化强调集体或群体价值，而非个体成就。

对自己在各种任务上的成败归因，也是幼儿自我认同的表现。总体上，这个年龄段的幼儿对自己能否成功持有乐观态度，相信自己不断努力就能成功。正是因为这一特点，过去的人们认为幼儿很少失败。然而，越来越多的研究发现，一些幼儿已经形成对失败的消极认识。与社会性、情绪和情感（认知）发展的其他方面一样，成人给予幼儿反馈的性质对幼儿的观念和行为会产生重要的影响。

2. 幼儿社会性在教育中的应用

（1）幼儿自我意识发展在教育中的应用

在自我意识方面，教师可以通过创设"我""我的家""我的朋友"等主题活动，让幼儿认识自己，并对自己与周围的人和物建立初步关系；在自我体验方面，教师可以指导幼儿将自己的现在与过去进行比较，了解自己的进步和不足，从而使幼儿能够客观地看待自己，欣赏自己的同时也接纳自己的缺点；在自我控制方面，教师可以指导幼儿学习自我控制和自我调节，学会控制自己的情绪，调节自己的心态，学会正确的表达方式。教师还应指导幼儿养成有序放置物品、按时间顺序作息等良好的生活习惯。

（2）营造良好亲子关系的建议

亲子关系是一种父母占据主导地位的不平等关系，如果父母不能营造相对和谐、自由、彼此尊重的氛围，那很容易造成幼儿情绪压抑。幼儿需要足够的关注和爱护，只有在温暖、积极、平和的环境下，幼儿才会形成安全性依恋。要防止或者缓解幼儿的压抑情绪，可以选择定期发泄的方式，比如，让孩子每周都有表达自己看法的机会，让他发泄自己的情绪。

（3）指导同伴关系

教师要注意观察幼儿在社交中的地位以及被同伴接纳的程度，这样才能对幼儿的同伴关系进行针对性指导，帮助幼儿在同伴交往当中有良好的体验，并且让他学会关心、分享与合作。如果幼儿在交往当中出现困难，教师应该及时做出正确的判断，对幼儿进行干预和帮助，尤其是要鼓励被忽视型和拒绝型幼儿，为他们创造条件，让他们进行大胆的尝试，帮助他们掌握与人交往的基本方式和技能策略。

幼儿经常以同伴作为参照标准或榜样，根据同伴的行为表现进行自我评价。而能否成为幼儿的榜样往往来自教师的评价，他们对教师肯定、表扬过的同伴的行为模仿很快，以求得教师的表扬。因此，教师应注意表扬幼儿的良好行为。

（4）亲社会行为培养

亲社会行为和攻击性行为并非生而具有，也并非随着年龄的增长而自然形成。

要减少幼儿的攻击性行为，促进其亲社会行为，需要进行相应的教育指导。

①移情训练

具有攻击性的幼儿通常不关心或意识不到自己的行为对别人带来的伤害。移情训练就是培养幼儿理解和认知他人的情绪情感，引导幼儿体验他人的情感状态，从而有利于幼儿做出亲社会行为。具体方法包括听故事、角色扮演等。研究表明，受过角色扮演训练的幼儿比其他幼儿表现出更多的利他行为。在幼儿期，教育幼儿"替别人着想"最好的方法就是角色扮演游戏。例如，让一个攻击性强的幼儿扮演一个经常遭受他人攻击的角色，他会容易理解攻击性行为对他人造成的伤害，从而学会控制自己的攻击性行为。通过移情训练幼儿能体会他人的感受，想象到受伤害的感觉，意识到自己攻击性行为的消极后果。

②为幼儿创造合作的机会

教师可以在每天的计划和日常安排中，制定一些需要许多人合作才能完成的任务。例如，让孩子们一起栽培某一植物、一起抚养小动物或者一起完成一幅画，而不是让幼儿单独完成自己的部分。这样的安排将促使幼儿学会合作与分享，并在这一过程中逐渐掌握交往策略。

因为缺乏相应的技能，许多幼儿在交往中表现出了不恰当的社会行为，例如，幼儿之间发生争抢玩具时，幼儿可能会选择找老师定夺，也可能会友好协商："你别抢，我们可以一起玩。"还有可能用武力解决，那么此时教师就不能充当"裁决者"了，而是参与到幼儿当中，寻找争执的原因，商量协调的方法，通过这种技能训练让幼儿意识到解决某个问题可以采取很多方式，帮助幼儿掌握正确的交往技巧。

3. 情绪和情感发展

十五年来，幼儿的情绪和情感发展受到越来越多的关注。许多研究者认为，幼儿的正面和负面情绪是他们各方面学习与发展的重要动力机制。兴趣、快乐、好奇等情绪体验鼓励幼儿探索周围世界，激发他们去解决问题。同样，强烈的悲伤、恐惧、生气等情绪体验，也使幼儿逃避特定的学习情境或人际关系。

幼儿对不同的情绪和情感有更深入的理解。他们讨论情绪和情感的能力有所增强，能够调控自己的情绪，形成清晰的是非观念。最后，所有的幼儿在幼儿园阶段都会遇到压力事件，成人应帮助他们学习新的应对策略，发展抗逆力。

这个部分将简要描述幼儿情绪和情感发展的三个方面：

（1）情绪能力的发展

情绪在婴儿期就已出现。与年幼的孩子相比，幼儿能够用面部表情、手势、语言和符号等更丰富的途径和方式，表达更复杂的"社会性"情绪和情感，如骄傲、负罪、羞愧。大部分幼儿能够描述或命名情绪，识别他人的情绪，思考别人为什么会有那种情绪，用可接受的方式表达他们的生气或沮丧。

这些能力是儿童的入学准备发展和学业成功所需的重要基础。若幼儿无法管理和调控消极情绪，或难以理解和应对他人情绪，那么他们在进入小学后也难有较强的情绪控制能力，通常会表现出较低的社会能力和适应能力。

幼儿的气质和文化背景肯定也会影响他们如何表达情绪。但是与其他领域的发展一样，家庭是主要的影响因素。不同的家庭表达情绪和情感的方式不同，这些会影响幼儿的表达风格。家长温柔亲切地帮助孩子理解和处理情绪和情感，能够教育出情绪能力强的孩子。相反，成人严厉苛刻或冷漠排斥的教养行为，以及情绪失控和经常性冲突会制约幼儿在这个领域的发展。幼儿教师也会影响幼儿的情绪能力发展。例如，与教师关系亲密的幼儿在5年后也会与小学教师形成亲密的关系。

（2）道理意识的发展

逐步内化价值观念和行为期望，是儿童在发展方面的重要进步。幼儿园阶段是幼儿发展对他人的同情、良知、是非观念的关键时期。

幼儿还会表现出道德情感，如负罪感和羞耻感。在独处时，他们也能克制自己不做违背社会规则的事情。在幼儿园阶段末期，幼儿已经内化是非观念。这些发展具有重要的意义。在幼儿园阶段没有形成这些道德意识的幼儿更可能表现出行为问题，缺乏助人行为。

幼儿与他人的关系有助于他们理解他人的情感、关心他人。当父母态度温和、注重教育、采用理性而非严苛的规则约束时，幼儿更可能内化这些价值观念。父母较少依赖权威（即刻服从），较多运用推理、规则提醒等，更有利于幼儿理解是非观念，内化家庭和社会认为重要的价值观念。

（3）压力、应对和复原力

当幼儿和成人感到所面对的情景超出了能力控制范围时，他们就会产生压力。

面对压力,我们的情绪、身体、行为都会做出反应。

幼儿期的压力来源是真实存在的——如父母离异、住院或自己进入新的托幼机构等。幼儿也可能因为难以区分想象和现实而产生郁闷和恐惧。例如,他们认为床底下真的有怪兽。不是所有的压力都是有害的;没有压力,幼儿也难以发展自我调控和应对技能。然而,没有成人的支持与引导,幼儿会被过大的压力压垮,导致长期的发展困难。

在幼儿园阶段,幼儿的应对能力大幅度地提高。幼儿学习调控自己的情绪,以建设性的方式处理压力情景。在这里,成人仍然是关键:当成人经常敏感地、具有支持性地回应,与幼儿有安全的依恋关系时,幼儿就能更好地应对压力。

很多研究讨论了儿童的"复原力"。一些儿童在面对同水平的内在压力时(如父母有严重精神疾病、极度贫困),他们是能够"复原"的,并且以后也能发展得很好,除了气质类型和其他先天特征,在幼儿园阶段培养的良好沟通技能、灵活解决问题的能力、积极的自我价值感,还有具有支持性的、接纳儿童的成人,都是影响儿童复原力发展的重要因素。

4. 幼儿积极情绪情感的培养

如何培养幼儿的积极情绪和情感?根据幼儿情绪情感发展规律,可以从以下三个方面入手。

(1)营造良好的环境

幼儿的情绪不稳定,很容易受到周围环境的影响,其情绪发展主要依靠周围情绪氛围的熏陶。在幼儿园教育中应注意保持和气的气氛,创造有利于幼儿情绪放松的环境,同时需要建立良好的师幼关系,教师应给儿童较多的关注和关爱,应理解和尊重儿童的需要,创设一个和谐、宽松、平等的环境,促进幼儿情绪的发展。

(2)成人的情绪示范

成年人要善于控制自己的情绪,虽然愉悦的情绪能感染幼儿,让他感到开心,但是成人的不良情绪同样会让幼儿感受到紧张和焦虑。优秀的幼儿教师应该在进入教室前就将自己的状态调整好,不能把不良情绪带进教室,让幼儿感到无所适从、焦虑不安,要以积极饱满的情绪让幼儿保持良好的情绪状态,共同参与课堂上积极良好的互动。

（3）积极鼓励和引导

①正面肯定和鼓励

正面积极的鼓励和肯定，有利于增强幼儿的自信心和能力感，他们也会愿意做得更好。如果成人经常用批评或者惩罚的方式处理孩子的问题，那么孩子会产生习得性的无助感，孩子情绪会变得消极，也会失去行动的热情，久而久之幼儿就会破罐破摔，失去对未来的希望。

②耐心倾听幼儿说话

一些家长经常抱怨孩子怎么不喜欢和自己聊天。其实，幼儿最初总是愿意将自己的意见向亲人和老师诉说，但成人往往由于太忙，没时间听幼儿说话，或者有时觉得幼儿说的话幼稚可笑，不屑一听。这些消极的应对使幼儿感受到挫败、压抑和孤独，继而产生消极低落甚至愤怒的情绪。当这些负面情绪累积到一定程度时，幼儿可能就会通过故意犯错以表达他们的不满以引起成人的注意。因此，要允许孩子向你诉说他的感受，不要对他妄加评论，也不要急于帮他解决问题，要学会耐心倾听。

③正确理解和表达幼儿的情感反应

培养幼儿积极情绪情感的前提之一就是成人能否正确理解和表达幼儿的情感反应。

对幼儿表现出的所有情绪都保持敏感。幼儿会表露出多种情绪，有些是极端的，有些是适度的，有些是积极的，有些是消极的，所有的这些情绪对幼儿都具有重要意义。但如果成人仅仅是在特定时间注意到某种剧烈的情绪面，忽略消极情绪，幼儿将很快意识到要表达哪种情绪才能引起注意，可能经常表露出某些情绪而刻意压抑另一些情绪。只有当成人关注幼儿的所有情绪时，才能真正理解幼儿。

对幼儿正在体验的情绪做出非判断性评价。要避免对幼儿表现出的情绪状态匆忙下结论。例如，你看到一个幼儿哭着跑进班级，他可能很伤心，也可能很生气，但他为什么表现得如此难过，我们却无法直接发现。尽管你可能推测他想妈妈了，或者他被其他小朋友欺负了，但我们仍不能确定是什么事情困扰了他，因此，基于适当的情感反应可以说："你看上去很难过"而非"你很难过，因为你想妈妈了"。

（三）幼儿动作与运动能力发展

幼儿的动作发展与生理的成熟密切相关，4—5个月的婴儿一般会用手臂甚至整个身体去拿玩具，而不是用手或者手指，这是因为此时他只学会了大肌肉、大幅度的粗动作（如臂和腿），幼儿身体的发展是有先后顺序的，动作发展也表现出了一定的时间顺序和客观规律，随着神经系统和肌肉的发育，动作逐渐开始分化，在大肌肉、粗动作的基础上，儿童能逐步控制身体各个部位小肌肉的动作，幼儿期动作和运动能力的发展依然遵循"头尾原则"和"近远原则"，由粗笨向精细、由无意向有意的方向递进。

1. 大运动的发展

随着躯干和四肢生长速度的加快，幼儿身体的重心逐渐下移，这提高了幼儿动作的平衡能力，并为各种新的大运动技能发展提供了基础。2—3岁幼儿能跑，但向前跳等动作仍显僵硬，经常把握不住方向；3—4岁幼儿能双脚交替上楼梯，但不能双脚交替下楼梯，向前跃的动作已经较灵活；4—5岁幼儿能双脚交替下楼梯，跳跃动作相当灵活，方向感较好；5—6岁幼儿奔跑速度飞快，能做真正的跳跃运动，表现出成熟的接扔物体的动作模式。

2. 精细运动的发展

幼儿精细动作能力的发展主要表现在自我服务能力的增强和开始会画画和写字。2—3岁的幼儿能做简单的穿脱衣动作，会用小匙吃饭；3—4岁的幼儿会解开衣服上的大扣子，会使用剪刀，开始会画人；4—5岁的幼儿能模仿画出矩形和十字形，会写字母；5—6岁幼儿会系鞋带，能模仿写出数字和笔画简单的字。

3. 运动协调能力的发展

运动协调指的是人在完成某种活动时，身体不同部位的运动器官有效配合，能够有组织地和谐动作。身体各部分的运动，都是由许多肌肉共同工作的结果。在一般条件下，感觉器官感受到外界刺激，引起大脑的神经兴奋，协同肌和拮抗肌感受到大脑相应中枢传导的兴奋，各肌肉协调一致，保证动作的顺利完成。

幼儿运动协调能力的及时性、应变性、准确性和合理性可以互相结合，也可以通过不同的个别方式展现。有目的性地发展幼儿动作协调能力的不同特征，不但可以充实运动经验，还能改善幼儿运动器官的生理机能，使其比同龄人更快更好更多地掌握各种运动技能。

幼儿时期采用合适的体育游戏有利于提高幼儿的运动协调能力、行动灵敏度、身体的柔韧性、身体控制能力和平衡能力，为幼儿的身体发育打下良好的基础，在幼儿期这个黄金时期，身体健康发展能够促进幼儿身体和智力的全面发展，提升幼儿的日常生活自理能力，对于幼儿的成长具有重要的意义，是整个社会进步的基石，也是人类追求其他所有事物的首要条件。

（四）幼儿认知发展

在幼儿园阶段，幼儿的认知发生了重大变化，特别是心理表征方面。婴儿和学步儿的表征能力较弱，较难在记忆中表征周围世界（形象、概念），幼儿的这一能力会大幅度地提升。当询问过去或未来的事件时，幼儿能够思考几周前发生的事情或推理还未发生的事情。他们能创编别出心裁的故事（如一名幼儿是飞行员，其他幼儿在塔台控制），协调角色和情节。到四五岁时，他们在开展这些游戏时能清楚地知道这是假想的。他们开始对想法归类，在游戏和绘画中使用假想事物来学习和交流，因此，他们会更加复杂地使用符号，逐渐成为有效的思想者。

尽管取得诸多进步，但是幼儿的思维仍然有非理性、自我中心、单一维度的特征。

2—7岁被称为"前运算"阶段，这一阶段儿童的思维还不如年长的儿童成熟。最新的多项研究表明，学前儿童的认知能力比过去人们所认为的更强，至少在熟悉的情景中、向他们清晰地解释任务时，他们表现出了更强的认知能力。

幼儿看起来比他们实际懂得或理解得更多。有时他们看似很成熟，思维能力相对较强，有时又好像有很大的局限性、缺乏灵活性。幼儿正从简单思维向复杂思维发展过渡。成人应牢记他们的思维水平不是单纯的低于年长的儿童或成人；他们在既定时间内处理的信息量有限，在其快速、大量地学习的时期，这实际上是有利的。由于他们要在新水平上掌握大量的概念、词汇和技能，因此他们一次只关注一项事物，而且更容易学会，而非同时关注多项事物。

以下内容将简要地描述影响认知发展的因素，以及幼儿园教师应该期望看到的幼儿思维特征。

1. 社会互动和游戏的影响

正如教师所认识到的，幼儿的所有学习都是相互联系的：幼儿园阶段的认知发展对幼儿的社会性和语言发展有重要意义，而社会性和语言发展在促进认知发展中也发挥着关键作用。幼儿在与他人互动的过程中建构对概念的理解。

例如，在建构对"学校"的认识时，幼儿会运用他们听到的人们关于"学校"的谈话、看到的别人称为"学校"的景象、听过的有关"学校"的故事。在与同伴、年长的儿童或成人的互动中，他们关于学校的最初想法可能会受到挑战、质疑、确认、深化、调整。正如苏联心理学家维果茨基所指出的，儿童的理解最早产生于与他人的交流，然后体现在"自言自语"（大声的思考）中，最终发展为内化的思考。随着儿童的记忆、语言及其他认知领域的发展，他们与他人的关系也会发生变化。

幼儿会开展大量的假想游戏或角色游戏。在成人的指导和支持下，他们在游戏中尝试各种新想法和技能，从而获得认知进步。游戏技能的提高不仅能够反映认知能力的发展，还能够进一步促进认知的发展。

其他类型的游戏，如绘画或拼图，同样重要。但是，社会性假想游戏对幼儿有着特殊的价值。在成熟的社会性角色扮演游戏（与其他幼儿交流的假想游戏）中，幼儿与同伴的互动比在其他情境中持续更久，并表现出更高水平的参与和更多的合作，这会吸引更多的幼儿加入——所有这些都有利于幼儿认知（及其他领域）的发展。

学步儿也会参加假想游戏，但通常到幼儿园阶段，特别是当父母和教师提供这类游戏的机会，并提供引导和支持时，他们才会开展复杂的游戏。

这种复杂性表现在多个方面。他们在游戏中能更灵活地以物代物，在假装的汤粥里，叶子可以变成青菜、石头、洋葱。他们从自我中心的游戏发展到与他人一起的游戏。例如，不再像学步儿那样自己拿着杯子假装喝水，幼儿可能假装聚会，邀请朋友来假想的家里，分发假装的杯子，假装倒茶、搅拌，假装吃饼干。这一系列的步骤、动作和互动，对学步儿来说太复杂了。

幼儿经常和一名或多名同伴共同创编含有多个角色和情节的场景——比如，生日聚会中有过生日的男孩、父母、朋友，有多个不同的情景，如打开礼物、心怀嫉妒的兄弟姐妹惹麻烦、吹蜡烛、切蛋糕。

有关世界各地儿童的研究都表明，在丰富多样的器械和材料的支持下，4岁幼儿会开展大量自发的自由活动——他们处于一个支持游戏的环境。到7岁时，他们会比同伴有更好的认知（和语言）表现。

其他研究表明，角色游戏能增强儿童的持续注意、记忆、逻辑推理、语言和读写、想象、创造力、情绪理解、对自我思维的反思、冲动抑制、行为控制、理解他人观点等多种认知能力。

2. 幼儿认知的执行功能

在幼儿园阶段，幼儿缺乏推理和解决问题的能力，一是因为幼儿调控注意和记忆的大脑皮质及其功能还没有发展成熟，二是因为幼儿缺乏经验。随着幼儿在教学活动或者其他机会中不断地锻炼与记忆和注意相关的信息加工技能，他们会逐渐进步，变得和其他年长的儿童一样，知道如何记住事物、从环境中获得应该注意的事项、通过角色游戏练习自我调控技能及其他支持性经验。

（1）注意

在幼儿阶段，他们对于任务的注意力持续的时间都较短，尤其是在完成纸笔任务或者在被动倾听时。注意是思维的关键，因为它决定了哪些信息会影响正在处理的任务。集中注意的能力，可以增强语言获得和问题解决等学业学习技能以及社会性技能和合作。所以在幼儿园阶段，教师要通过有意的训练来延长幼儿的有意注意时间。

（2）记忆

注意力的改善有利于记忆力的提高，幼儿也会逐渐开始使用记忆策略。记忆策略是有意识的心理活动，是人把信息储存在工作记忆当中，然后转化为长时记忆。幼儿最开始并不能很有效地使用记忆策略，因为这需要他们很大程度上集中自己的注意力。当幼儿被指导并且有机会使用这些技能时，他们的记忆策略就会得到改善。但是即使在成年人指导和帮助下，幼儿也不能准确地将记忆策略有效运用到默诵清单或者将事物分成有意义的类别上。在幼儿园里，幼儿会根据事物的作用对关于常规事件的图式，即"情景"（脚本）进行分类，他们的记忆在这一个阶段会获得较大的进步。

当在记忆中对事物进行分类时，他们通常依据日常生活中的联系来组织事物，如帽子与头、萝卜与兔子。幼儿可能无法回忆多个指令中的步骤，但可以依据经验将一年前的具体事件按顺序组织在一起。

（3）心理表征

心理表征是在头脑中对信息进行的内部描绘——即人或物品的形象或心理图

画。概念是在头脑中对相似事物进行的分类。词汇是对所理解的形象和概念的命名。心理表征让我们成为更有效的思考者，能够将经验组织成有意义的、可组织的记忆单元。

幼儿的心理表征获得了惊人的发展与进步。3岁幼儿开始理解一个物品既是它本身，也可以用作代表其他事物的符号。例如，碗既是碗，也可以当作帽子、床、小老鼠。这表明幼儿在头脑中或在符号层面表征具体物品、动作和事件的能力取得了巨大的进步。

随着幼儿进一步理解符号与真实世界的关系，他们开始认识到每个符号都对应着日常生活事件的具体状态，一个符号不一定要特别像它所表征的事物。借助于表征，幼儿开启了获取知识、沟通交流的新途径，这能够促进多个领域的能力发展。假想游戏和绘画很好地反映了幼儿心理表征和符号思维能力的发展。

心理表征的发展使幼儿可以先思考再行动，他们活动的目的性更强。幼儿开始将思维与行动分开。他们还不能专注于思维过程，但他们开始意识到自己所想的不同于自己实际做的。

学步儿会不断地重复相同的"错误"，要在一遍一遍地做的过程中思考。幼儿能够预测行动的后果。例如，一个幼儿能想到，如果抓住同学的头发会引发教师怎样的消极反应。幼儿还无法做到每次都能控制自己的冲动。如果教师能够教幼儿学习用其他方式满足自己的需要（如使用语言、等待轮流、分享玩具等），练习同理心和自我调控技能（如通过假想游戏），那么幼儿在控制冲动方面会做得更好。

（4）思维的逻辑与特点

幼儿在多个方面表现出思维缺乏逻辑性，因为他们的思维具有以自我为中心的特点（难以理解他人的观点），没有掌握守恒概念（具有一定物理特征的物品即使外在特征发生改变，其数量仍保持不变），而且认为无生命的物品有人类的思维、情感和愿望。

虽然幼儿的确存在这些问题，推理能力也比年长的儿童弱，但他们的能力要比皮亚杰及许多成人所认为的更强一些。当认知任务含有幼儿熟悉的要素，并且一次只集中于一个方面时，幼儿的表现要优于上述的情况。

（5）推理

推理能力的发展部分源于观点采择能力的发展。研究表明幼儿的推理能力被低估了，但是他们确实存在一些局限性，因为他们是以自我为中心的，他们认为别人看待和经历事情的方式与自己一样，他们只能考虑自己的观点而难以理解他人的观点。例如他们无法深刻理解年龄、空间、时间等概念，更无法运用这些抽象的概念进行推理，除非这些概念与他们的生活息息相关，否则他们无法理解，更别提推理。

幼儿的思维是具体的，他们更关注事物的可感知、可观察的特征，这在他们的语言应用中有明显的体现。他们通常从具体推理到具体，这是其分类技能的发展带来的自然结果。

总体上，当任务简单并与已有的知识和日常生活经验相匹配时，他们能够做出有逻辑的推理。

（6）概念掌握与分类

理解周围世界，并将这种认识组织进一个有意义、可管理的分类或图式体系，是幼儿发展的一个主要任务。幼儿要理解和回答两个基本问题：这个世界上的事物到底是什么？他们如何相互联系？

幼儿一般先构建基本类别，然后逐渐将其扩展到更广泛的类别，并细化基本类别的具体要素。

幼儿通常会根据外表和动作来描述事物。他们也会根据一种物品或一个想法的特征来组织信息的类别，即使该类别的成员看起来非常不同。他们开始忽略外表差异，根据功能区分事物，但是如果有成人解释，学步儿也能感知到一些不太明显的特征。

（7）魔幻思维

幼儿的推理受到他们的魔幻思维和拟人化思维的影响——赋予无生命的事物以生命属性。例如，他们可能错误地认为火车或飞机等交通工具是有生命的，因为它们能移动——幼儿这样想也不奇怪，因为有时这些物体的外观看起来也像有生命特征，如头灯看起来像眼睛，它们看起来像是自己在移动；幼儿可能认为吸尘器是怪兽；打雷意味着上帝生气了。

幼儿气质的个体差异会影响他们的胆小程度，但认知的拟人化倾向是幼儿的整体特点，这可以解释这一年龄群体的许多典型恐惧。他们经常相信精灵、妖怪等的神奇力量，相信他们无法解释的事物背后都有魔力。

他们什么时候放弃魔幻思维，部分地依赖于文化、从成人和年长的儿童那里获得的信息以及宗教。不管什么时候开始，逻辑推理代替魔幻思维的过程都是缓慢渐进的。

3. 幼儿认知的灵活性

关于认知灵活性或者灵活性认知的研究是发展心理学近年来的一个新热点之一，它是一种转换心理表征的能力以及将反应定势转换到适应变化的或者不可预测的情景中去的能力，是人类智力的一个重要特征。与之相对应的是认知活动中的所谓持续性错误，指持续地重复不符合认知目标的强势反应，表现出执行功能障碍。关于认知活动中出现持续性错误从而显示出认知不灵活的原因有不少理论解释：抑制控制理论、工作记忆理论、抑制控制和工作记忆结合的理论、认知复杂性及控制理论和问题解决模型等。这些理论分别从抑制控制能力缺乏、工作记忆能力不足、抑制控制和工作记忆的共同欠缺、处理复杂认知任务的能力缺陷等角度，解释了认知活动中的持续性错误，因而解释了影响认知灵活性发展的一些心理因素。克服认知活动中的持续性错误，从而表现出能够适应不断变化的任务要求的认知灵活性，是个体适应环境的重要能力，具有十分重要的研究价值。发展心理学近年来一个新的热点就是关于灵活性认知或者认知灵活性的研究。

从本义上说，认知灵活性是指认知活动的灵活转换，即从一种认知活动灵活地转换到另一种认知活动，或在同一种认知活动中能够实现不同认知角度的转换。在传统的发展心理学研究中，关于思维灵活性、思维创造性的研究和该问题大致是相关联的，有学者多次讨论了思维的品质以及思维与语言的关系，其中就涉及思维灵活性的作用，还尝试通过思维的心理结构模型将思维、语言、认知结合起来。而在幼儿认知灵活性的研究中，目前采用的方法主要是任务转换的方法，即参与者从一个任务转换到另一个任务，根据实验者的指导语对相同的刺激做出了不同的判断。主要有两个研究范式，即演绎范式和归纳范式，在这两个测验范式中都涉及言语能力的作用。

认知灵活性与言语能力是密切相关的，认知灵活性对言语的发展有重要的交互和促进作用，而表征能力是两者共同的发展前提。表征能力虽然不会直接导致幼儿言语发展和认知灵活性的发展，也不是两者进一步发展的唯一因素，但如果没有幼儿表征能力的发展及其成熟，要想有较好的言语表达能力以及灵活的转换能力几乎是不可能的。虽然发展心理学从不同的侧面提供了一些资料说明认知灵活性和言语能力之间可能存在着较密切的关系，但直接的理论和实证研究都相对匮乏，需要更多的研究投入以便更明确地弄清二者的关系。

4.幼儿认知发展规律的应用

（1）感知觉发展规律在教育中的应用

幼儿的感知觉能力可以通过活动培养，每次新的感知都是一次有用的经验。教师在日常活动中应引导幼儿说出自己的感受，多启发幼儿思考、记忆这些感受，帮助幼儿正确表达自己的体验。

在园区内，教师可以设定专门的感知觉活动区域，突出主题，投放丰富的材料，按不同年龄幼儿感知觉发展的特点引导幼儿操作。尤其应注意幼儿某些知觉能力发展较迟而造成学习上的困难，如在认识数字和字母时，初入学的孩子常常d、b、p、q倒着写，9和6不分等。

在户外体育中，也要依据幼儿知觉发展规律进行示范，如在体育游戏中，要根据幼儿方位知觉发展的特点，以幼儿为中心做镜面示范。在课外，教师可以结合幼儿课程，针对性地给幼儿布置课外感知觉活动作业，如观察秋天树叶颜色的变化，观察家中玩具的形状，感觉自己每天的餐饮食物的味道等。

（2）幼儿注意的发展规律在教育中的应用

教师应灵活应用幼儿无意注意和有意注意的发展特点。对于年幼儿童，需要集中注意时，应当尽量避免无关刺激的干扰，不要一次呈现过多的刺激，用完的教具应立即收起。对于年长的幼儿，应明确教学目的，除了设计生动形象的教学环节，还需有意强调知识的重要性，激发幼儿集中注意的自觉性和自制性。

教师还应把握幼儿的注意时间，优化课堂结构，提高教学质量。单调的教学易引起幼儿大脑的疲劳，从而分散注意。教师如果能在教学过程中交替使用不同的感觉器官和运动器官，可以有效引起幼儿的注意，减轻疲劳感。

（3）幼儿记忆特点在教育中的应用

①在游戏、活动中记忆

幼儿容易记住具有直观、鲜明特点的事物。教师在幼儿的日常生活中，应注意活动的特点，充分利用直观性原则，并在活动中适当配合词语的说明，提高幼儿的记忆效果。

②培养幼儿的有意记忆

教师可以在教学活动中或者在游戏、课外活动中培养幼儿的有意记忆。如以"快乐的星期天"为主题的谈话，在谈话之前告诉幼儿，星期一要向其他小朋友讲讲星期天是怎样度过的，有哪些愉快的事情。如果在记忆某一事情之前，教师能向幼儿提出明确的记忆目的和任务，就能调动幼儿的积极性，增加记忆效果。

（4）幼儿想象在教育中的应用

教师应丰富幼儿的感性经验，让幼儿多获得可以进行想象加工的"原材料"。在此基础上，教师应启发、鼓励幼儿大胆进行想象，培养幼儿敢想、爱想的习惯，不要打击幼儿想象的积极性。同时进行正确的引导，适当纠正幼儿过分夸张和以假乱真的想象，使幼儿的想象符合客观实际。

（5）幼儿语言发展在教育中的应用

良好的语言环境能够在潜移默化中促进幼儿言语能力的提高。教师首先需要以身作则，时刻提供正确、规范、清楚的语言，同时为幼儿提供丰富的语言刺激，确保每个幼儿都有交流的机会。其次，根据不同年龄幼儿思维发展水平，教育侧重点不同。小班幼儿应着重培养感知语言的能力，进行听力训练，从而获得良好的倾听能力；中班幼儿应重视幼儿感知和理解词义，有意培养其积极对话、独白等说话的能力；大班幼儿教育重点在于培养讲述能力（如看图说话、观察讲述、构图等）和初步的阅读能力。

（6）幼儿思维发展在教育中的应用

3岁前幼儿的思维带有直观动作性，他们渴望直接动手解决问题，教师可以依据这一特点教会幼儿使用工具，如叉子、汤匙等。幼儿在运用工具的同时，也逐渐学会解决问题。

4—5岁幼儿不仅对周围事物兴趣浓厚，而且对事物的前因后果也感兴趣。教师可以提醒这一阶段幼儿在思维过程中特别注意新颖的、他们暂时不熟悉的现象，激发幼儿的求知欲和探索欲。教师可以设计按图寻找、按物取放物体、折叠、建造等游戏，培养幼儿计划、分类等思维能力的发展，进而培养幼儿解决问题的能力。

二、幼儿保育知识和教育知识

保育主要是指父母或保育人员为0—6岁儿童提供生存与发展必需的环境和

物质条件，并给予精心照顾和培养，以帮助其获得良好的身心发育，逐渐增强其独立生活能力的工作。学前儿童教育中非常重要的基本部分，一般指对儿童身体的照顾和各种心理过程发展的培养，有的仅指对儿童身体的保护和养育。

教师的幼儿保育主要是幼儿园教师针对幼儿身心各方面的保护和养育，幼儿园的保育工作与教育工作是同等重要的。《国家中长期教育改革和发展规划纲要（2010—2020）》指出："幼儿园必须把保护幼儿的生命和促进幼儿的健康放在首位。"[1] 这就体现出幼儿园保育工作在整个幼儿期阶段的重要性。我国幼儿教育是实行教育与保育并重的方针，因此在一日活动中幼儿的保育和教育是两个不可忽视的环节。他们是相互渗透、相互联系、不可分割的一个有机整体。

教师的幼儿保育工作是一个大概念，有保护、保健、养育的含义，其中还有促进幼儿健康的含义。全面的保育观不仅是身体的保育，还包括心理的保育、营养的保育、环境的保育、安全的保育，既促进幼儿的身体健康又促进幼儿心理和社会适应的良好发展。其中主要内容有卫生管理、生活管理以及配合教育工作三个部分。卫生管理包括清洁与消毒工作。生活管理包括防范幼儿园的意外伤害、组织进餐工作、组织盥洗如厕工作以及组织睡眠工作这四部分。配合教育活动包括创设良好的心理环境、保育教育活动之间的有效配合、参与家长工作三部分内容。总体内容能够保证为幼儿创设良好的生活、学习环境；做好幼儿日常生活、学习的保健；培养幼儿一日活动常规；开展丰富多彩的体育锻炼活动、户外游戏；做好幼儿疾病预防、营养保健工作；做好幼儿安全防护和安全教育。

幼儿园保育工作是非常重要的，搞好卫生工作，为幼儿创设各种需要的优美环境；做好幼儿生活管理工作，培养幼儿良好的生活习惯和自我服务能力；配合班级教师组织教育工作，切实做到保教结合、教养并重，促进幼儿身心健康的成长。幼儿园保育工作的常见问题有很多需要教师注意：我们要注意如何避免幼儿安全事故的发生；如何培养幼儿良好的习惯；保教工作如何有效结合；如何做好家长工作。

同时教师在幼儿园的保育工作中应该有更加深刻的认识与实践相结合，首先应该由关注"活"到关注"人"，确立"以幼儿发展为本"的理念。其次要由对幼儿的"爱心、耐心"到对幼儿的尊重。再次从注重身体健康到注重心理健康，

---

[1] 教育部. 国家中长期教育改革和发展规划纲要（2010—2020）. 2010-7-29.

从面向全体到注重个体差异,从注重生活活动的保育到关注教育活动过程的保育。最后要做到从单纯幼儿生活的照料者、活动的旁观者到教育的参与者、指导者。教师在幼儿园实施保育过程中应注意要有现代的儿童观;应体现以人为本的专业思想;要为幼儿提供良好的发展环境;必须融入一日常规中;幼儿园保育必须参与教育,互相渗透。

三、通识性知识

包括政治、经济、文化、科学、社会、伦理等,主要为幼儿教师提供基础的文化知识和理解,拓宽其文化视野,提升其专业化水平。掌握这类知识是幼儿教师保教工作水平持续提升的源动力和支撑力。

(1)文化常识

文化常识内容丰富,涵盖广泛。文化常识可以分为中国文化常识和外国文化常识两个方面。中国文化常识包括天文历法、山水地理、传统艺术、民俗节日等知识;外国文化常识包括山水地理、艺术、民俗节日等知识。

(2)科技常识

科技常识包含中外科技代表人物及其主要成就、常见的幼儿科普杂志和科普读物等。

(3)文学常识

文学常识包括国内文学、国外文学和儿童文学,幼儿教师需要理清中外文学发展的基本脉络,掌握各个时期文学代表人物及其代表作品。

第二章 幼儿园教师专业发展理论

本章内容为幼儿园教师专业发展理论，主要从三个方面进行介绍，分别为幼儿园教师专业发展概述、幼儿园教师专业核心内容、幼儿园教师专业发展现状。

第一节 幼儿园教师专业发展概述

一、教师专业发展的概念

教师专业发展的概念是：教师是专业人员，教师需要不断完善自己的学科知识、教学技能、职业态度等，在完善的过程中，教师从一个新手逐渐发展为一个专家型的教师，这个过程就是教师的专业发展。

二、幼儿园教师专业发展规划

幼儿园教师专业发展规划是对教师专业发展涉及的每个方面和每个阶段进行比较全面和比较长远的发展设想和发展计划，是教师在自身成长和工作实践的基础上，对自己未来的整体性、长期性、基本性问题进行综合的分析和思考。幼儿园教师专业发展是一个将教师个人的需求理想、愿望与教师个人的实际能力等进行结合和做出规划并付诸实际行动的过程，是规划和经营教师职业生涯的过程，是教师进行自身发展的过程，也是幼儿园教师个人专业发展过程中非常重要的一环。

（一）定义内涵

不同的学者有不同理解，有的是将教师专业发展规划作为规划本身的内容文本来描述，有的是将其作为规划、实施并实现的过程来定义，也有的是基于规划与"教师主体""教师专业发展"密不可分关系基础上的认知理解。不管如何定义，我们认为，教师专业发展规划的主体是幼儿园教师本人，这是不可更改的，我们应该正确理解教师专业发展规划与教师专业发展之间的关系。不管幼儿园教师个人专业发展是教师个人专业成长的过程，还是促进教师个人专业成长的过程，教师本身都是专业发展的主体。制定幼儿园教师个人有针对性的、有效的专业发展规划方案，其实就是教师专业成长、发展的过程。

综上，我们可以将幼儿园教师专业发展规划的定义界定为，幼儿园教师结合自身的特点和个人职业发展的实际情况，经过预测和分析，综合考虑幼儿园发展的需要，从而对自己的个人发展目标进行确立，制订出既能促进自身可持续发展又能发挥良好效果的管理计划和安排，并在付诸实践的过程中不断进行反馈、更新、演进和丰富，从而实现自身的专业发展，到达自己的既定目标。

幼儿园教师专业发展规划是教师在确立目标后对自己所进行的自我管理，是一个逐渐从他律向自律转化的过程，也是教师进行不断专业成长、不断更新、演进和完善个人发展的持续性过程。在这个过程中，幼儿园教师专业发展规划对教师自身的专业发展发挥着引导和监控的作用，也对自身专业发展的反思发挥着重要的参照作用，是自我导向、自我驱动、自我调控的结果，对教师个人的专业发展发挥着极其重要的促进作用。幼儿园教师个人专业发展的必经阶段是，先学习，再思考，再有所感悟，最后付诸实践。在这个过程中，科学的规划能够帮助教师更好地实践自己的个人专业发展。

（二）意义价值

发展教育事业，教师责任重大。作为幼儿园教师，面对飞速发展的社会、日新月异的教育需求，如果想要得到社会认同与职业尊重，谋求个人专业长远发展，必须保持职业敏感性和反思探索精神，着力关注教师自身的"全程发展"与"内涵发展"。幼儿园教师个人专业的成长、职业的发展离不开合理有效的规划。制订幼儿园教师专业发展规划方案的价值意义，可以从以下层面来阐释：

从宏观上来说，制订幼儿园教师专业发展规划是满足提升园所教师队伍专业性、综合素质以及服务质量的需要，更是满足推动教师职业群体不断走向成熟及专业化，优化学前教育专业发展水平的需要，是现代社会发展的必然要求，是现代教育的重要标志，是构建人类教育发展命运共同体的需要。

从微观上来说，科学合理地制订个人的专业发展规划是幼儿园教师重要的实践能力之一，是教师对自己、幼儿、园所、家长、社会负责任的重要体现，在自我发展的同时让幼儿在教师专业发展中受益，是教师职业生涯中实现个人价值，获得原动力、成就感、幸福感的重要源泉。主动制订有效的幼儿园教师专业发展规划，不断地学习、更新和完善自己，做一名专业素养可持续发展的幼儿园教师，不仅是个人自身发展的需要，也能逐渐实现专业效能感和幸福感，同时也会让幼儿在教师专业发展中不断受益。

具体来说，制订幼儿园教师专业发展规划的意义价值主要体现在三个方面：

（1）实现幼儿园教师职业价值的需要

目前，有很多教师对自我成长的规划并不是很重视，也存在一些片面的观念，认为自己有了一定的专业知识，就不需要进行所谓的自我发展规划了，如果这种情况长时间存在的话，这些教师就会在不断重复的工作中陷入安于现状的舒适圈。在这样的舒适圈中，思想会进一步固化，从而教师自身不愿意进行一定的自我反思和自我改变，也不愿意进行新的思考和尝试，更不敢进行自我创新和突破，这样就很难提升自己，从而失去进行自我发展的意愿和动机。更有甚者，还出现了职业倦怠，理想与现实之间存在的矛盾让这些教师产生了浓浓的失落感，他们开始对于自己的职业进行无尽的抱怨，对自己的社会地位识别不清，总觉得得不到应有的尊重，对自己的职业发展方向更是不清晰。对此进行深度分析就会发现，造成这些的原因就是教师没有对自己的职业生涯和个人专业发展进行合理的规划。这样的教师往往意识不到职业发展规划对自身专业成长的重要作用。

幼儿园教师专业发展规划是实现理想、走好教师职业生涯的第一步，也贯穿着人生发展的每个阶段。制订合理有效的幼儿园教师专业发展规划方案就显得尤为重要，它是教师不断开发自我潜能、建立职业自信、增强职业道德、强化专业技能、提高教育教学水平的关键，是教师获得职业尊重、实现人生价值的必要条件。只有努力夯实自身专业基础，用科学的幼教理论武装头脑，用专业的行为科学影响幼儿，体现幼儿园教师的专业性和不可替代性，让社会、家长看到幼儿实实在在的发展，给予幼儿更加专业的教育与陪伴，才能使幼儿园教师成为受人尊敬的、具有较高社会地位的职业，获得更多的职业感和幸福感。

（2）幼儿园教师自身专业化发展的需要

生命因不断成长而丰富。教师的专业成长是一个漫长而复杂的渐进过程，不可避免地会受到来自个人、幼儿园以及社会环境等方面因素的影响，遇到很多困惑，产生很多问题。

幼儿园教师在"育人"的同时，也在不断地"育己"。促进幼儿发展不可忽视教师自身的专业化发展，规划自己的专业发展是教师实现提升和专业发展的重要策略，合适、有效的教师个人专业发展规划方案是促进教师个人专业化发展的核心要素，可以加强教师专业化水平，也有利于提升教师的教育专业地位，实现个人的职业价值。当教师能够对自己的学习进行自我引导、自我监控时，教师的学习和发展成效最高。换句话说，具备较高的学习品质和终身学习意识、明确发展目标、保有持续增长力、能够形成行为自觉性的幼儿园教师，自身专业化发展较为迅速，在未来更容易成长为综合实力和竞争力较强的教师。

（3）幼儿园教师个人与幼儿园共同发展的需要

教师在幼儿园发展中永远是第一生产力，提高幼儿园教师队伍的综合素质和教师的专业发展水平是保障幼儿园发展的重要前提。幼儿园教师个人的专业发展对幼儿园的品质和教学质量发挥着极其重要的作用，除此之外，也对幼儿园的可持续发展水平发挥着重要的促进作用。幼儿园教师个人专业发展与幼儿园发展之间相辅相成，二者相互促进，是一个协同发展的共同体。在幼儿园教师个人专业发展的过程中，幼儿园可以为其进行针对性的引领和扶持，帮助教师对自己的专业发展有一个更为清晰的了解，对自己可预期、可持续的阶段性成长目标进行确立，也可以在规划实施的过程中为教师造势，为他们指点迷津，在物质和精神上提供必要的支持，让教师能够感受到专业发展是能够实现的。幼儿园教师看到个人专业发展的未来美好前景，他们才能有更好的进取意识和创新精神，才能不断提高自己的专业水平，从而形成个人魅力，获得成功之后精神和心理上的喜悦，体会到教师专业成长路上教育者独有的幸福感。

（三）基本原则

幼儿园教师个人专业发展是一个连续的、动态的发展过程，有其内在的规律，同时具有阶段性特点。教师在制订发展规划时首先应找准自己发展的切入点和成长点，充分考虑自身内在因素和外在环境影响，扬长避短，理论与实践相结合，有的放矢地制订幼儿教师专业发展规划方案，只有这样才能保障自己的专业能力不断上升，并逐渐形成自己的教学特色。如何制订切实可行的、对幼儿园教师自身发展有实际意义的、能真正引领幼儿教师不断成长的个人专属的专业发展规划就显得尤为重要。因此，在制订幼儿园教师专业发展规划时应当把握以下原则：

1. 可操作性原则

幼儿园教师专业发展规划方案必须是根据自身特点及专业发展需要制订切实可行的规划，目标的制订不能太高，不能超出自身的能力范围；也不能太低，否则对自身发展缺乏挑战性。教师专业发展规划方案应镶嵌于教师的日常专业实践之中，切合自身的实际发展水平，符合幼儿园教师专业发展的特点和规律，通过自身的努力是可以实现的，让个人的专业发展更具方向性和目标性。

2. 自觉性原则

个人专业发展意愿是实现个人专业发展目标的关键前提，为个人的专业发展做出努力是实现专业发展目标的必要条件。只制订幼儿园教师专业发展规划方案，而不实践、不落实，终将是纸上谈兵，空洞无用。在教师个人专业发展规划方案的实施中，教师的学习态度和积极主动的学习意愿是成就个人成长的核心因素，具备良好的自我导向、自主驱动、自我调控能力的幼儿园教师一般最终都会实现个人专业成长的目标。

3. 阶段性原则

教师个人专业发展规划具有阶段性、可持续发展的特点，每一阶段应确立不同的发展目标和任务，教师在制订个人发展规划方案时应做到起步要低、步子要小，在充分分析、了解自身在各个不同发展阶段的专业发展特点、内容和需求后，制订个人发展规划方案。既要确保每一阶段的目标有针对性，可以促进发展，又要结合实际调整目标的合理性，保证目标的完成度。各项活动的开展都应该有时间和顺序上的安排，以保证按计划、分步骤地去实施和完成制订的规划任务。

4. 螺旋上升性原则

幼儿园教师个人专业发展并不是一个简单的、线性的前进过程，而是一个螺旋上升的递进过程。幼儿园教师专业发展规划中的目标和计划是相互关联、逐层递进的，每一个阶段都是下一个阶段目标和计划的基础，教师需要不断学习与研究，有效地总结提炼出来自教育实践的经验，使规划方案更具价值并逐步走向成熟。

5.动态性原则

教师的发展规划仅仅是一个对未来的预设，需要通过教育教学实践的检验方能看出具体的效果。由此可见，幼儿园教师专业发展规划方案的制订是一个动态的实施过程。规划方案的计划和预设在实施过程中会受到很多不确定因素的影响，例如，外界教育环境的变革和教师内部自身条件的成长变化，都会让原本的规划方案发生改变，那么规划方案就需要具有弹性，教师要及时地对规划方案做出相应思考和调整，修正自己的状态和方向。

第二节　幼儿园教师专业核心内容

一、日常工作指导

幼儿教师的日常工作，主要体现在幼儿园一日生活的各环节组织与实施之中。分别按照对教师和生活教师的要求逐一进行说明。

（1）入园、晨检与晨间活动环节

该环节对教师的要求：①教师应该提前到岗，并做好岗前准备。②面带微笑，热情接待入园家长与幼儿。③二次晨检，对幼儿在家的情况进行了解，对幼儿的精神状态进行观察，晨检采取的方法有一问、二看、三摸、四查。其中一问是对幼儿在家的情况向家长进行询问，了解幼儿有无不舒服、患病等情况；二看是对孩子的精神、面色、皮肤等是否有异常进行查看；三摸是摸摸孩子有无发热、淋巴结是否肿大等现象；四查是检查孩子的手指甲和双手是否干净卫生，有没有携带危险品入园，衣着是否整洁。④对于带药的家长，对幼儿服药情况进行登记，并对幼儿的药品进行保管。⑤引导幼儿参加相关活动：自选活动、班级服务等。⑥组织幼儿进行晨间锻炼。

该环节对生活教师的要求：①生活教师也需要提前到岗，做好岗前准备。②生活教师到达教室之后进行开窗通风，打扫室内卫生，保证地面、玩具柜、门窗干净整洁。③与教师共同接待家长与幼儿，对幼儿在家情况进行了解，对幼儿精神状态进行观察，与教师配合共同进行入班晨检。④准备充足的幼儿饮用水，将饮用水调整到适宜的温度。⑤将卫生纸准备好，方便幼儿的取用。⑥准备餐具、用具等其他用品。

（2）幼儿如厕盥洗环节

该环节对教师的要求：①教师需要选择一个比较合适的站位，在幼儿如厕的时候对其进行正确指导和照顾，指导幼儿正确使用卫生纸，如厕后教师要提醒或帮助幼儿将自己的衣裤整理好，值得注意的是，作为幼儿教师，不得对幼儿排便的次数和时间进行限制。②教师可通过儿歌、图片等形式指导幼儿如何洗手，指导幼儿要有序进行盥洗，中、小班教师需要帮助幼儿将上衣袖子挽起，在洗手过程中，教育幼儿要学会节约用水。托、小班教师要指导幼儿对自己的毛巾标志进行辨认。③当教师发现幼儿衣裤上有污垢时，要及时安排班级对应的老师更换幼儿的衣裤，并进行清洗。④在活动中，对个别如厕、盥洗的幼儿要给予一定的关注。

该环节对生活教师的要求：①需要选择一个比较合适的站位，在幼儿如厕的时候对其进行正确指导和照顾，指导幼儿正确使用卫生纸，如厕后教师要提醒或帮助幼儿将自己的衣裤整理好。②幼儿如厕后，指导幼儿自行冲厕，便后洗手。③生活教师如果发现幼儿衣裤上有污垢，要及时为幼儿更换衣裤，并进行清洗。④生活教师要保持地面干燥，防止幼儿滑倒。⑤在活动中，对个别如厕、盥洗的幼儿要给予一定的关注。

（3）餐前准备及早餐环节

该环节对教师的要求：①教师要营造良好、和谐、愉快的进餐氛围。②中、大班的教师可以安排值日生分发餐具。③就餐前，要组织幼儿洗手。教师可以向幼儿介绍饭菜名称及相关的营养知识，丰富幼儿认知，增进幼儿的食欲。④幼儿就餐过程中，对幼儿的进餐情况进行巡视，指导幼儿正确的用餐方法和用餐习惯。⑤教师要培养幼儿独立进餐的能力，对有特殊需要的幼儿提供一定的帮助，不催促，进餐时间不少于20分钟。⑥幼儿饭后，要提醒幼儿进行漱口、擦嘴、洗手。⑦对于中、大班幼儿，要指导他们收拾餐具、清理桌面。

该环节对生活教师的要求：①生活教师要为幼儿创设安全的进餐环境，保证饭菜温度的适宜，饭菜的摆放位置要合理，盛放方式要适当，以防幼儿在进餐过程中烫伤。②根据卫生保健要求，对桌面进行清洁，可以指导中、大班值日生将餐具摆放整齐，托、小班由老师将餐具摆放整齐。③生活教师对幼儿饭量情况要有一定的掌握，对于吃饭慢的幼儿，要优先盛饭，将碗和盘子分开，少盛多添。

要注意的是，生活教师要严禁从幼儿头顶递饭。④幼儿进餐中，要时刻观察幼儿的进餐情况，为幼儿及时添加饭菜，指导幼儿正确的用餐方法和用餐习惯。⑤培养幼儿独立进餐的能力，对需要特殊照顾的幼儿，要提供一定的帮助，不催促，进餐时间不少于20分钟。⑥幼儿餐后，要将餐桌收拾干净，将卫生打扫干净。

（4）餐后活动环节

该环节对教师的要求：①幼儿进餐之后，适当地引导幼儿参与适宜的活动。②活动过程中，要对幼儿的活动进行巡视、观察，及时提供支持、帮助和指导。

该环节对生活教师的要求：①幼儿进餐之后，要进行餐具整理、清洗、消毒，对桌面和教室卫生进行清理打扫。②向炊事班或保健室报幼儿实到人数。

（5）课前准备环节

该环节对教师的要求：①课前，提醒幼儿如厕，稳定幼儿的课前情绪。②课前，根据教育活动做好相关准备，准备好相关教具、学具，根据教育内容对场地进行一定的设置、对桌椅进行重新摆放等。

该环节对生活教师的要求：①及时提醒幼儿如厕。②对于水池、便池、地面等要保持卫生，做到洁净、无积水、无异味、无污物。防止幼儿滑倒。③教育活动前，要及时向教师了解自己应该配合的事项，协助教师将活动中所需要的材料摆放好，配合教师的教学活动。

（6）教学活动环节

该环节对教师的要求：①根据教学进度对教学活动进行有计划组织。②活动组织有合理的结构、清晰的层次、突出的重点。在环节过渡时要自然、有序，在时间安排上要合理。③要选择适当的教学组织形式，对于集体、小组、个别的活动形式要灵活运用，值得注意的是，教学活动形式要面向全体幼儿，关注幼儿间的个体差异。④要综合运用多种教学手段，要恰当、灵活、多样地运用教学方法。⑤在中、大班集体教学活动中时长不能超过一小时；在托、小班中，有一节集体教育活动即可，其余为游戏活动。

该环节对生活教师的要求：①生活教师要做好配课工作，不做与教学无关的事。②走动、说话的声音要轻，不能影响幼儿和教师的教学活动。③遇到个别需要帮助的幼儿要进行适度的指导。生活教师在活动中要注意对如厕的幼儿进行看护。④活动结束后，协助教师对学具进行收拾整理。

（7）饮水及加餐环节

该环节对教师的要求：①组织幼儿有序如厕、洗手、喝水、吃点心。②向幼儿介绍所吃点心的名称、特点以及营养价值，培养幼儿良好的进食习惯。③上、下午，生活教师要各组织一次集体喝水，关注每个幼儿喝足量的水，并提醒幼儿渴的时候要及时喝水。

对生活教师的要求：①组织幼儿有序如厕、洗手、喝水、吃点心。②保证班上有充足的温开水，上、下午各组织一次集体喝水，并提醒幼儿随渴随喝。③保持桌面、地面干燥洁净。

（8）课间操及户外活动环节

该环节对教师的要求：①整齐排队，仔细清点人数，对幼儿的服装、鞋子进行仔细检查，并进行相关的安全与规则教育。②幼儿活动中，时刻关注场地、设施、器械、幼儿行为的安全。③教师采用镜面示范的方式领操，做操动作要准确到位、要有力度，中、大班教师可以指导幼儿领操，幼儿做操过程中，观察幼儿的动作并随机进行指导。④各类活动的组织不能离开教师的视线范围，集体活动与自由活动相结合，确保每日户外活动时间不少于2小时。⑤观察活动中幼儿脸色、出汗、脉搏等情况，并及时对活动内容和运动量进行调节。⑥根据天气变化、运动情况和个体需要，及时提醒幼儿增减衣服、饮水、擦汗。⑦活动后，组织幼儿集合，认真清点幼儿人数，指导幼儿将玩具器械收拾完毕，将幼儿集体带回班级。

该环节对生活教师的要求：①与教师配合，共同进行户外活动的准备：集中整队，认真清点幼儿的人数，对幼儿服装、鞋子进行一定的检查，并进行相关的安全与规则教育。②带上活动中可能需要的毛巾和纸巾。③协助教师将户外器械摆放好，协助教师组织游戏活动的进行，或者独立带领部分幼儿进行游戏。④将幼儿的衣物保管好，活动中及时为幼儿擦汗，提醒并帮助幼儿增减衣物。⑤活动后协助教师组织集合，进行人数的清点，指导幼儿将玩具器械收拾好。⑥回到班级后照顾幼儿如厕、喝水，指导、帮助幼儿整理衣物。

（9）餐前准备及午餐环节

餐前准备及午餐环节与早餐基本相同。

（10）午睡环节

该环节对教师的要求：①睡前提醒幼儿如厕，营造安静舒适的睡眠环境；午检，对幼儿的精神状况进行一定的观察，查看并确认幼儿衣裤兜里是否携带危险物品。②指导幼儿脱衣，将衣物、鞋子叠放整齐，摆放在指定位置。③清点幼儿人数，与生活老师做好工作交接，并对幼儿人数、健康、异常情况等信息进行清晰记录，对接班人员进行注意观察的提示，保证幼儿的安全。④教师不得坐卧幼儿的床铺，值班期间严禁出现睡觉、脱岗的情况。⑤对幼儿的睡眠情况进行巡回观察，帮助幼儿盖好被子。对于幼儿的异常情况要及时发现、及时处理。⑥指导帮助幼儿养成良好的睡眠习惯和正确的睡觉姿势，及时提醒个别幼儿如厕，防止尿床。

该环节对生活教师的要求：①提醒幼儿如厕。②清点幼儿人数，向教师简单了解幼儿的情况，并做好交接班记录。

（11）起床、盥洗与午点、喝水环节

该环节对教师的要求：①提前叫醒幼儿，叫醒过程中声音要轻，并对幼儿精神状态进行观察。②指导幼儿穿衣服、鞋袜。对于中、大班的幼儿，指导他们整理床铺、叠被子。③起床后，清点人数，确定寝室、床上、床下没有幼儿。④指导幼儿盥洗，对于需要帮助的幼儿，要及时提供帮助。⑤向幼儿分发点心，组织幼儿集体喝水。⑥提醒先吃完点心的幼儿自选区域活动。

该环节对生活教师的要求：①清洁桌面，为幼儿准备点心。②协助教师组织幼儿起床，对幼儿的服装进行检查，需要帮助的幼儿要及时为其提供帮助。③起床后，清点人数，确定寝室、床上、床下无幼儿。④组织幼儿有序如厕、盥洗等。⑤为幼儿分配加餐。⑥开窗通风，整理床铺，打扫寝室卫生。

（12）游戏活动环节

该环节对教师的要求：①教师要根据幼儿年龄特点组织不同的游戏活动，保证充足的游戏时间。②游戏中所需要的材料要数量充足、安全卫生、种类丰富、操作性强，对于每个幼儿的需求能够充分满足。③科学划分活动空间并能合理利用。④幼儿游戏过程中，教师要观察幼儿的活动，并进行适时、适度的指导。⑤游戏结束后，评价游戏情况，指导收拾游戏材料。

该环节对生活教师的要求：①生活教师开窗通风，整理床铺，打扫卫生，将幼儿的毛巾、水杯进行清洗消毒。②配合教师组织游戏，或独立带领部分幼儿进行游戏。③游戏结束后，指导并和幼儿一起收拾、整理游戏材料。

（13）晚餐后活动环节

对教师的要求：①有序组织幼儿饭后活动。②认真进行晚检，观察幼儿情绪、体温，检查幼儿着装、裤子、鞋子，袖口是否潮湿，并做到及时为幼儿更换衣物。③组织活动，帮助幼儿整理与回顾一天的活动。

生活教师的要求：①清理桌面与地面，保持教室干净。②清洗并消毒餐具、水杯。③配合教师组织幼儿回顾一天的活动。

（14）离园活动环节

对教师的要求：①严格执行家长接送制度。②接待家长，与家长简单交流幼儿在园情况。③幼儿全部离园后，协助生活教师整理物品，关闭水电、门窗。④做好次日各项工作准备。

对生活教师的要求：①协助教师做好离园幼儿护理。②严格执行家长接送制度，与家长简单交流幼儿在园情况。③打扫教室卫生，清刷水池、厕所。周五下午用84消毒液1∶500浸泡清洗玩具，擦拭班级桌椅、柜子等用具。④做好次日各项工作准备。

二、环境创设

幼儿园的环境是一种特殊的教育环境，它与家庭环境、社会环境有着本质区别。这种区别在一定程度上体现在环境创设上。幼儿园环境也是一种重要的教育资源。在促进幼儿发展方面有着重要的教育价值。教师一定要有环境创设的专业能力，除此之外，教师还要有对环境加以利用的专业能力，教师要在精神环境和物质环境两方面做好环境创设，并且要对环境创设的知识和策略进行更好的掌握，从而更好地促进幼儿的发展。所以，环境创设能力是每一位幼儿教师必备的一项基本能力。

但是在实际工作中，很多幼儿园管理者和教师在环境创设上会遇到很多困惑和问题。例如，片面追求外在的形式和"高大上"的装饰，忽视环境的教育互动性，很少让幼儿参与，而只让幼儿充当环境的观赏者。这种环境布置是比较片面的，对幼儿的全面发展是非常不利的，会大大降低幼儿园环境教育的功能。

在环境创设时，要注意从安全性、主体性、童趣性、适应性、动态性体现环境的教育价值，可以从以下几点去考虑。

（一）环境中的教育取向

一所有品质的园所，一定会注重园所文化的凝练与文化氛围的营造。园所理念是一所幼儿园源于历史、基于观念、引领未来的气质禀赋和核心力量，是幼儿园全面和谐、可持续发展的强大精神动力源泉，更是幼儿园成长过程中的灵魂。踏进这样的幼儿园，你会时刻感受到它所传递的教育理念和教育氛围。

（二）微景观的巧妙创设

幼儿园的楼梯拐角、走廊尽头、户外一角都是可以充分实施教育活动的空间角落，可以结合自己的园所文化、课程主题、种植区域、时令季节、食育教育等进行创设，变成幼儿园的微景观。

（三）大环境小格局的创设

首先，教师创设班级环境时，需要清晰地了解自己幼儿园的文化理念。这样才能在幼儿园文化理念背景下去规划与大环境主题一致的班级小格局创意。将大环境与小格局进行结合，即大格局的创设、大色彩的定位与小局部的点缀、班级个性的彰显，才能做到班班有创意、处处有文化。这种小格局创意恰是幼儿园大教育环境的补充与增色。

其次，在规划和设计好班级环境后，教师需要了解幼儿园环境的分类，知道物质环境和精神环境在创设时不会孤立地对幼儿起作用而是相互作用、相互制约、相互影响的。所以，物质环境创设中的场地、设备、材料、空间等要素是环境创设的基础。而精神环境则是以教师的教学态度、管理方式、言行举止等所引导和形成的幼儿与幼儿、教师与教师、幼儿与教师之间的交往相处模式及精神氛围。

了解以上两点之后，教师就可以去规划和设计班级的空间，空间分割后再去投放适宜的区域材料。

（四）班级环境的创设

在幼儿园环境中，班级环境作为一种"隐性课程"，是幼儿每天都要接触的重要教育资源，它就像是一位不会说话的教师。教师在创设班级环境时，不仅要考虑班级空间的合理布局，更要考虑幼儿与环境的互动。例如，对课程主题的需求、区域游戏的需要、不同发展阶段的需求等。

（五）环境与育人记录

当我们走进一所幼儿园时，只要留意幼儿园的环境，就能阅读到其中蕴含的各种教育信息。幼儿园的每一面墙壁都会说话，可以最大限度地发挥空间去传达或记录教育信息。

墙面环境记录的方式对教师、幼儿和家长都有很大的益处，教师通过分析幼儿的墙面作品，促进教师自我反省与成长。它也是家长了解幼儿在园生活的一种途径，家长通过墙面环境的记录，了解幼儿在园的"所作所为"，也能了解到孩子学习的每个过程，进而去理解幼儿和尊重他们独特的学习方式。

所以，在幼儿园的环境创设中要重视墙面的创设，教师可以结合幼儿园课程和其他活动开展走廊墙面的环境创设活动，让墙面与幼儿互动起来，去记录幼儿的成长与发展。

（六）有准备的开放环境的创设

有准备的开放环境的创设，以"幼儿一日活动环境"的创设为例，进行解读。

在适宜的环境中有着丰富的刺激，可以对幼儿强烈的活动动机进行有效的激发，从而提高他们探索的主动性和积极性。只有在幼儿自身活动和有准备的环境之间进行相互作用的时候，环境的作用才能更好地内化到幼儿的心灵之中，从而真正实现儿童在心理上的良好发展。

从幼儿入园的第一时间，就已经开始了与有准备的开放环境进行互动。

（1）早签到环境创设

早签到环境的创设，教师可以根据幼儿的兴趣点和年龄特点对"早签到"环境进行一定的创设。比如，有的幼儿对天气比较感兴趣，教师创设的"早签到"环境就能与这类孩子之间产生互动。

（2）开放的课程主题环境创设

主题教育环境主要指以主题教育活动的开展为线索，根据主题活动开展的需要，由教师引导，幼儿积极参与构思、创作，教师与幼儿共同创设的与主题相关的教育环境。

（3）丰富适宜的区域游戏环境

区域游戏环境是指教师为幼儿区域活动所提供的条件，包括区域空间和场地设置、提供的操作材料等物质环境。

首先，可以根据区域的性质划分为学习型区域和创造性区域，也能按照内容划分为角色区、建构区、表演区、阅读区、美工区、益智区等。

其次，区域的位置规划是否合理也直接影响到区域活动的有效性。在规划各区域的位置时，要考虑动静分离、封闭与开放结合，还要根据幼儿的兴趣及课程需要，设置固定区与动态区。

最后，区域之间的隔断易选择结构灵活、易组合、可变化的隔断，例如屏风、玩具柜、可升降布帘、自然材料等。

（4）区域材料的投放及规则自定

各活动区的材料不是一次性地全部投放，而是要根据材料的自身特点、幼儿年龄特点和活动需要分层次、分批去投放。在材料投放后，还需要注意观察幼儿游戏情况，根据幼儿的活动情况，对活动区的材料适时给予调整。

另外，一些游戏材料如果长时间不动，摆放陈旧，就会让幼儿失去探索的兴趣，因此材料应具有低结构的开放性，适度增减组合，使材料不断变化，激发幼儿探索的兴趣，探索新的玩法。这样才能真正让材料去促进幼儿的发展。

区域规则可以根据开展的顺序分为活动前的进区规则、活动中的操作规则和活动后的整理规则。规则制订后，并不是一成不变的，而是可以根据情况及时组织幼儿探讨、制订新的规则。

（七）环境创设的原则

环境创设过程中，要始终坚持适应性与有效性相结合的原则，要切实考虑幼儿的年龄特征和心理发展水平，环境的创设要与之相适应，除此之外，还要提高主题的深入性；坚持开放性与层次性平衡的原则，为幼儿提供可以挑选的空间，促进幼儿学习的主动性和积极性；坚持参与性和安全性相结合的原则，在环境创设过程中，教师和幼儿都是参与者，教师一定要为幼儿的参与过程提供安全保障，如走廊环境的创设，要在保证幼儿安全的基础上，从各个方面促进幼儿园走廊环境功能的实现，让幼儿能够充分参与到环境创设中，同时，要对环境进行随时调整和修缮，并不是在创设之后就不对其进行更改了。由此可知，幼儿园环境创设将幼儿的安全保证作为最基本的原则，同时结合幼儿的发展需要，提高环境创设中的参与性。

三、活动组织与策划

（一）幼儿园活动的特点

（1）目的明确。在进行幼儿园活动时，应该具有明确的目的性，促使幼儿园全体参与人员都朝着一个目标共同努力。

（2）周密计划。组织幼儿园活动的时候，因为参与的主要对象是幼儿和家长，因此教师策划活动时应该考虑幼儿身心发展特点、幼儿需求、家长参与度、接受能力等，制订计划要详尽、细致、具体，逐项策划、专人专项负责。

（3）突出主题。组织幼儿园活动时，一定要突出活动的主题，有一定的针对性，方便教师在开展活动前后可以围绕某一主题进行方案制订、环境创设等。

（4）社会性强。幼儿园活动的社会性比较强，幼儿园活动的组织和幼儿的参与，能够提高幼儿社会认知、社会情感和社会行为技能，对幼儿社会性发展发挥着重要作用。

（5）宣传性强。幼儿园活动的组织，因为参加人员较多、规模较大、主题明确，因此是宣传幼儿园的一个良好平台。

（二）幼儿园活动的价值和意义

1. 对幼儿成长的价值和意义

（1）对幼儿的社会性发展发挥着促进作用。幼儿园活动的组织能够为幼儿提供展示自我以及与社会进行交流的平台，对幼儿的社会性发展发挥着重要的促进作用。在幼儿园教育教学活动中，组织幼儿园活动是一项非常重要的内容，不仅能够为幼儿提供展示自我的平台，也能让幼儿与社会进行交流，从而培养和提高幼儿的交往愿望和交往能力；除此之外，幼儿在参与幼儿园活动的过程中，也能学习自尊、自主、自信。

（2）增强集体意识，主动、乐意参与活动。在幼儿园组织活动时，因为参与人数多、规模大，有利于幼儿集体观念的形成，体验群体活动的乐趣，并能主动、乐意参与活动。

（3）增进幼儿园、师生、亲子之间的良好关系。幼儿园的活动，参与对象是师生和家长，在活动过程中，通过一些游戏互动、情景表演等，促使幼儿和老师、父母之间的亲密关系得到进一步提升。

2. 对家园共建的价值和意义

幼儿教育不是家庭或者幼儿园单方面就可以胜任的，需要家庭和幼儿园的共同努力。因此，在开展幼儿园活动的时候，可以邀请家长来参与其中，家长在参与的过程中能够感受到活动策划的意义，了解到活动实施的过程，也能促进家长和幼儿园之间的沟通，将幼儿园教育和家庭教育进行更好的结合，共同促进幼儿的发展。

3. 对幼儿园发展的价值和意义

（1）推动幼儿园园本课程建设。在幼儿园课程建设中，幼儿园的活动是重要的组成部分。活动实际上是一种课程实践，能够满足幼儿的发展需要、凸显幼儿园教育文化，能够有效推动园本课程的建设。

（2）提高幼儿园教育教学水平。在幼儿园教育教学工作中，幼儿园的活动是一个重要的构成部分，幼儿园活动组织的过程中，涉及的策划、实施、反思都能提高幼儿园教育教学工作的水平。

（3）促进教师专业能力提升。幼儿园教师在组织活动时，能够促进教师专业能力的提升。首先，在开展活动的过程中，骨干教师可以对活动献计献策，青年教师思维活跃，喜欢接触新鲜事物，因此不同层级的教师都可以将自己的想法大胆表达出来；其次，教师在组织活动时，面对更多的孩子、教师及家长，自身协调组织能力、沟通能力等都能得到提升；最后，教师通过对活动的反思，思考活动过程中的优点和不足，进一步提升总结反思能力。

（4）增强幼儿园办园的知名度。在组织活动时，幼儿园邀请新闻媒体进行宣传报道，有利于幼儿园知名度的提升。

（三）幼儿园活动的类别

依照幼儿园活动的主题、功能、人员等方面进行考虑，可以将幼儿园活动分为以下活动类型。

1. 园本特色活动

幼儿园可以结合本园所的特点，开展园本特色活动。通常幼儿园会结合各自的特点，设计属于自己的园本课程，并根据园本课程中的主题而开展一系列的活动，向家长展示自己的园本特色。如戏曲进校园，小小足球、乒乓球比赛等活动。

2. 节日活动

节日是一种文化，是幼儿社会性发展的重要途径。幼儿园可以通过策划、组织、实施，让幼儿度过一个个美好的节日，让幼儿的童年快乐而有意义。

幼儿园的节日活动可以根据每年的国际性节日进行策划。例如，"六一"国际儿童节，为了让幼儿度过一个难忘的节日，可以策划"创客"主题的活动，让幼儿在欢度节日的同时，也了解科技的奥秘，增添对科技的兴趣。还可以结合中国的传统节日开展活动。比如"二月二龙抬头"，可以安排大班幼儿以"快闪"的形式进行舞龙舞狮表演；在"立春"的节气里，组织幼儿进行一场"立蛋"比赛等。通过这些活动，幼儿不仅了解到中国传统文化的博大精深，而且会激发出我是"中国娃"的自豪感。

3. 安全教育活动

幼儿园每年定期开展消防、防震、防恐等安全教育活动。通过班级安全宣传、幼儿园大型集会等活动，进一步增强全园师生、家长的安全责任意识。

4. 大型亲子活动

大型亲子活动，一般是由年级组筹备组织的各自年龄段幼儿和家长互动参与的活动。通过开展这类活动，一方面帮助家长了解幼儿成长中的需求，另一方面也让家长成为幼儿成长重要节点的见证人，增进幼儿与家长之间的亲子关系，具有一定的纪念意义。常规性大型亲子的活动，如大班的毕业典礼、小班阶梯入园活动，或者学期初、末的家长会，或者每学期的家长观摩活动、家长义工进课堂等。

（四）幼儿园教学活动的组织和计划

1. 幼儿园教学活动

幼儿园的教学活动，是与一日生活活动和活动区活动相配合、共同构成幼儿园生活的一类活动。具体指的是教师有目的、有计划地组织的、班级所有幼儿都参加的教育活动。包括教师预设的和生成的教育活动，单独的一节课和围绕一个主题展开的系列活动，全班一起进行的和分小组同时进行的教育活动。

幼儿园教学活动是幼儿园教师为幼儿学生专门组织的教育活动，是幼儿园教师根据明确的课程目标和课程内容，从而让幼儿获得学习经验的教育活动，教育活动的实施过程要有一定的计划性和组织性，也要循序渐进地进行引导。集体教学活动是教师在同一时间对全班幼儿所进行的基本一致的教学活动，也就是说全班幼儿在同一时间做的事情基本相同。教学活动的实施基本上是由教师组织和直接指导的。目前，自主学习的课程改革正在被提倡，而集体教学活动被认为是与幼儿的身心特点不相符的，对幼儿健康的人格发展是不利的，在一定程度上，集体教学活动受到了排斥。但是，在我国幼儿园教育教学中，集体教学活动是一种非常重要的形式，也是一种特色，对于幼儿园教师来说，是一种最为熟悉的教育途径。在教学中，只要我们对正确的教育理念能够有效地运用，并且将幼儿发展作为教学活动设计和实施的前提条件，同样能有效促进幼儿的发展。

2. 幼儿园教学活动的特点

幼儿园教学活动是有计划有目的的活动，是教师引导下的活动，既要遵循幼儿身心发展的特点，也要体现教师的支持和引导。具体教学活动有以下特点：

（1）高效、经济、公平

在幼儿需要学习的内容中，有一些基本知识，这样的知识内容可以由一位教师对多名幼儿进行指导教学，这样可以有效节约教育的成本，提高经济效益。与此同时，集体教学活动向全体幼儿提供的学习内容是基本一致的，在一定程度上，在公平教育方面是非常有利的。

（2）引领性强

在幼儿园教育教学中，幼儿学习的途径是非常多样的，其中日常生活和游戏中的自主学习也是重要的组成部分，有利于幼儿经验的积累，对幼儿的发展发挥着重要的促进作用。但是，集体教学具有较强的目的性和计划性，能够有效促进教学"走在发展前面，引导发展"功能的发挥。

（3）系统性强

集体教学的内容和顺序的精心安排，一般是教师在考虑幼儿学习和发展的规律以及教育教学大纲的基础上所进行的，因此，集体教学具有较强的系统性，不仅能够促进幼儿进行循序渐进的学习，也能够帮助幼儿获得相对系统的经验。

上述集体教学的优越性只是一种理论上的可能性，并非必然性，这些优越性的实现需要一定的前提条件。例如集体教学经济高效的优势，只有在教学内容上能唤起全班幼儿的学习兴趣，能衔接他们的经验时才可能发挥。集体教学的公平性，也只有教学过程中充分照顾到幼儿的个体差异时才能真正体现。集体教学的引领性功能和系统性特点的实现,是在幼儿园教师对幼儿学习与发展的特点规律以及教学内容的逻辑关系进行充分了解的基础上,对教学进行恰当的设计和组织中实现的。

实践证明,如果集体教学所需要的前提条件不能得到满足,那么它的优势不仅难以显示,还极有可能产生一系列的弊端。其中最为主要的是,由于集体教学往往是教师主导的,而教师选择教学内容、确定目标的依据,一般是标准的教学大纲和年龄特征以及自身以往的经验,在一定程度上也许能够对幼儿的基本学习有所保证,对幼儿的平均水平能够照顾到,但是幼儿并不是标准的,他们有着不同的兴趣、不同的经验、不同的理解水平。运用统一的大纲和要求对幼儿实行教育教学活动,在一定程度上与幼儿的需求并不是完全相符的。

所以,为了有效地、适宜地发挥集体教学的功能,幼儿园教学活动要体现以幼儿为本的思想,选择幼儿生活经验的内容,用游戏或游戏化的手段来开展各种活动。同时注重教学的启蒙性,多采用直观形象的教学方法,给幼儿提供观察、发现、操作、体验的机会,整合各个活动类型、各个领域内容、各种教学方法等,灵活多样地开展教学活动。

3. 幼儿园教学活动与其他活动的关系

教学活动、生活活动、游戏活动共同构成幼儿园的一日活动,三者缺一不可。

(1) 与日常生活活动的关系

与日常生活活动相比,幼儿园教学活动更具有直接性、目的性,计划性更强。教学活动预先制订教学目标,选择教学内容,设计教学过程及评价标准,开展健康、社会、语言、科学、艺术五大领域的教学活动或单元主题活动等。教师按照预先设计好的教学流程,有效实施活动,促进学前儿童在身体、认知、情感、社会性等方面的发展。

(2) 与游戏活动的关系

幼儿园教学活动与游戏活动有着本质的区别,又共同构成幼儿园的教育活动。游戏活动是教师创设环境,提供适宜而丰富的学习活动材料,让幼儿自由选择、自主创作、自主探索,强调自主性、自发性,注重过程。而教学活动则强调教师的计划和组织,重视结果。

幼儿园的各种教育活动往往是融合在一起的。幼儿期的特点决定了其生活是学习的形式，学习和发展在生活中进行，幼儿的生活和学习都有游戏的成分。幼儿的经验往往是从生活中来，随机性较强，因此可以采用游戏化的学习方式，选择广泛而具有生活性的学习内容，借助丰富的环境和材料，调动幼儿活动的积极性，使幼儿主动参与、交流探索、大胆表现等，从而促进每个幼儿富有个性地发展。幼儿园作为一种教育机构，不可能完全排除目的性、计划性和组织性的活动，因此幼儿园的大多数活动是教学活动与游戏活动、生活活动的混合体。

4. 幼儿教师教学活动计划的内涵

幼儿园教学活动计划是指为实现幼儿园教育的目的和任务，由幼儿教师根据《纲要》所规定的内容和要求，结合幼儿园的实际和幼儿的特点，安排和设计向幼儿进行全面发展的教学工作方案和实施规划。幼儿园的教育活动计划主要包括学期计划、月计划、周计划和具体教学活动计划。

幼儿园的教育活动计划，是通过一个个具体的教学活动来落实的。如果是主题模式的教学活动，就要按主题来拟定教育活动的计划，同时根据主题的大小，进一步具体化地通过若干个教学活动，有联系地安排到各个一日活动中去得以落实，这就需要制定具体的教学活动计划。如果是领域模式的教学活动，教学活动计划是通过周计划安排到每日的教学活动来落实的。一般每一天都安排有一两个具体的教学活动来指导幼儿进行一定内容的学习，发展各方面的能力，整理已有的经验。

幼儿园教学活动计划可以这样理解，对幼儿实施教育之前，通过运用科学方法对教学目标进行确立，对教学内容、教学方法、教学组织形式等进行一定的设计，也对教什么、如何教进行设计。这是在对已知教学规律加以运用的基础上对教学中的问题进行创造性的解决，具有很强的实用价值。教学活动的设计与教学过程的展开和教学效果有着密切关系。因此，教学活动的设计要完善和周到，这样才有利于教学过程的展开，提高教学效果。

（五）幼儿园教学活动计划的实施

教师可以从以下几个方面来对教学活动实施其计划：

1. 对幼儿年龄特点与发展实际的分析

教师是教学活动的主要设计者和组织者，首先，教师不仅要对幼儿的身心发展规律、各年龄阶段的生理和心理特点进行充分的了解，也要对班内每个幼儿的认识、情感、能力等特点有所熟知。这样才能对教学活动不同层次的发展目标进行确定，对教学内容和方法进行适当的选择，对幼儿学习的环境进行适当的创设，从而为幼儿提供促进发展的教育。

教师要对自己班的幼儿进行发展实际分析。由于不同地区、不同教育机构、不同班级幼儿的生长和发展特点是不尽相同的，教师应该从观察幼儿、了解幼儿、分析幼儿、研究幼儿的角度，根据幼儿的发展实际来设计和组织幼儿的教学活动。了解幼儿的发展现状，主要从两个方面入手：一是了解幼儿的兴趣和需要；二是幼儿与具体教学活动相关的发展水平。

2. 对教学活动内容的分析

（1）教学活动内容选择的依据

①符合幼儿的年龄特征，符合幼儿的生活经验和认知水平，能引发和满足幼儿的兴趣和需要。

②根据幼儿园的教育目标选择内容。教学内容是实现目标的手段，教学内容必须围绕目标来选择，否则将会偏离方向，使教学活动失去效果。

③知识的内在联系。在学前教育学科体系中，每个领域都积累了大量的系统化内容，教师要注重领域内容的内在联系，由浅入深，循序渐进地选择与幼儿生活联系紧密的内容。

④考虑季节、节日以及周边环境、资源等因素。

（2）教学内容组织形式的选择

教学内容的组织是指创设适宜的教学环境，使教学内容有序化、结构化、兴趣化，以产生优化的学习效果，从而实现教学效果的过程。目前教学内容的组织主要有两种类型：

①分领域教学。幼儿学习的范畴可以按学习领域相对划分为五个领域，分别为健康、语言、社会、科学和艺术领域。教育内容的组织与领域特点相结合，对语言进行逻辑、系统组织，循序渐进地开展教育教学活动。

②主题活动教学。主题活动是教师按照某一种逻辑，将相关的内容整合在一个主题内，在一段时间内，围绕这一主题来组织开展教学活动。

（3）教学内容选择的原则

①既适合幼儿的现有水平，又有一定的挑战性。教学内容的难度要难易适中，

幼儿在现有经验基础上，通过努力能够达到。如果学习内容太难，幼儿会感到负担和压力，幼儿不仅不能体验成功的快乐，而且会让幼儿产生畏难情绪和自卑感。如果太容易，幼儿又会失去探索的兴趣，不能集中精力学习，不利于良好习惯的养成。

②既符合幼儿现实的需要，又有利于其长远发展。幼儿在成长过程中，需要积累各种各样的知识，需要发展各种技能、能力，需要培养积极的态度和丰富的情感。凡是幼儿在生活中需要的，都可以成为教学的内容。

③既要与幼儿的生活贴近，又能够有效拓展幼儿的经验和视野。幼儿园教学活动的内容要以幼儿的生活作为背景，将幼儿熟悉的人、事、物作为出发点，适当地选择幼儿所感兴趣的内容和容易理解的内容，从而让幼儿在与他们学习特点相符的学习方式中获得知识和积累经验，从而得到一定的发展。

（4）教学内容重难点的分析

教学重点指的是教学活动中最关键、最基本、最重要的中心内容，在课堂结构中作为主要线索存在。如果对这部分内容掌握了，那么对于旧知识的巩固和新知识的学习都发挥着决定性的作用。教学难点就是教学活动中对于幼儿来说比较难以理解和难以领会的内容，也可能是比较抽象、复杂或深奥的内容。在教学活动中，难点并不等同于重点，有些内容不仅是难点，也是重点；有的内容是难点，但不是重点；有的内容是重点，但不是难点。同样的问题，对不同的班级或者不同的幼儿可能也是不同的。教学活动中，教学重点和难点的确定主要是为了对教学目标进行进一步的明确，便于在教学过程中对重点和难点内容进行突出体现，从而促进教学目标的实现。

重点和难点的确定，需要教师做到以下几点：首先，要对需要执行的纲要熟悉并要贯彻执行；其次，要对教材进行深入钻研；再次，要对幼儿就知识和技能的实际情况进行全面了解；最后，在教学中要不断总结自己教学过程中的经验，并要虚心学习别人的经验。

重难点的突破需要教师做到以下几个方面：首先，将教学中的难点内容在教学活动实施之间，提供一些辅助手段的基础上引导幼儿主动去发现、去探索、去交流；其次，尊重幼儿学习知识的规律，按照阶段目标分阶段有序地达成，并在目标实现的过程中对发展目标进行不断提升。

第三节 幼儿园教师专业发展现状

一、学前教育专业教师专业发展整体处于优秀水平

目前，学前教育专业毕业的学生在经过比较专业的培训之后，基本上能够达到幼儿教师专业发展的较高水平，而非学前专业的幼儿教师则与其有很大的不同，分析其原因主要有以下两点。

第一，学前教育专业的学生在校期间就已经接受了比较专业的培养，与幼儿园教师的标准要求是相符的。这些专业的学生在校期间不仅学习了学前教育的基础理论知识，掌握了一定的专业技能，训练了一定的专业教法，还得到了带领学生的实习机会，有了一定的实践教学经验。因此，专业学生在正式入职后能够很快适应幼儿园工作。

第二，与非学前教育专业毕业的教师相比，学前教育专业毕业的教师有更大的专业发展机会，幼儿园对学前教育专业教师所提供的机会是更多的，这也是学前教育专业教师的专业发展水平整体偏高的原因之一。

二、多数幼儿教师对专业发展持乐观态度

目前，在专业发展方面，大多数的幼儿教师所持有的态度是比较乐观的，当然，也有少数教师持有悲观的态度。分析影响幼儿教师内在心态的原因主要有两点：第一，班级教师配备的数量是不够的，导致教师的工作压力比较大，除此之外，家长和幼儿园方面也为教师增添了很多压力；第二，教师对自我专业发展方面没有足够的觉悟，这就导致教师不从内心主动对专业发展进行追求。

三、行政部门和园所支持力度有所欠缺

影响幼儿教师专业发展的主要因素之一是行政部门和幼儿园对幼儿教师的支持。行政部门方面，对幼儿教师的总体社会支持水平是比较低的，其中在物质方面的支持是最为欠缺的。大多数幼儿教师觉得自己的工资收入与自己的工作付出是不对等的，并且获得的尊重和认可与自己实际工作的付出也是不对等的。

园所支持方面，园内培训是幼儿教师参加最多的培训，这类培训主要是为了

对幼儿教师的专业理念与师德进行进一步的提高,幼儿教师所希望的专业技能培训是比较少的。主要原因有两点:第一,园所方面并没有重视教师的专业技能;第二,相应的培训老师和能够指导的专业是比较少的。学前教育专业的毕业生在参加工作之后,保教能力的确带来了很大的进步和发展,但是在专业知识和技能方面以及经验积累方面的发展并不显著。

四、教师专业发展与培训体系不相符

现代幼儿教师应该具备终身学习的理念,要在教学中不断满足学生的求知欲望,因此幼儿教师的专业知识要得到不断完善。目前,幼儿教师专业知识主要通过讲座和培训得到发展。但是,这些讲座和培训的时间是非常不固定的,并且完整性也比较差,没有充分考虑教师专业发展的完整性。因此,这些讲座和培训与教师专业发展是相割裂的。

与中小学教师分科教学相比,幼儿教师的工作是全天候的。幼儿教师不仅每天要花时间陪伴幼儿,还要花很多时间去完成教学工作所规定的日常表、园内教学环境的设计、制作及行政任务等,这大大提高了幼儿教师的工作量。教学任务量是非常大的,教学工作时间是非常长的,教学工作也是无序,这让幼儿教师感到身心疲惫,即使有讲座和培训学习,幼儿教师也没有大量的时间对学到的知识进行很好的消化,更不用说将学到的知识运用到实际教学中了。这样的教师专业发展培训活动具有很强的封闭性,对教师专业知识学习积极性有很大的消极作用。

五、幼儿教师专业发展动力不足

高学历幼儿教师的数量是不足的,教师整体的综合素质是偏低的,在专业知识、专业能力、专业思想等方面更是薄弱。如果专业知识储备量不足,那么幼儿教师专业发展意识将会越来越薄弱,来自各方面的压力也得不到有效的调节,从而导致幼儿教师的思想信念不足以支撑自己的教育工作。除此之外,幼儿教师每天需要高度集中精神去关注幼儿的各种事务,工作内容可谓纷繁复杂,但是对于幼儿教师来说,他们整体社会地位和待遇比较低,他们付出与回报是不对等的,导致幼儿教师出现职业倦怠的状态,导致幼儿教师这个职业具有很大的流动性,专业发展动力不足。

第三章 幼儿园教师专业发展途径

本章内容为幼儿园教师专业发展途径，主要从四个方面进行介绍，分别为幼儿园教师园本教研的参与、幼儿园教师教育技术的提升、幼儿园教师教学能力的评价、幼儿园教师专业发展的保障。

第一节 幼儿园教师园本教研的参与

一、园本教研的内涵

"园本教研"的主体是保教人员，目的是提高保教工作质量和教师素质，内容是对保教工作中的实际问题进行研究，途径是多种形式的教研活动，园本教研就是园内各种教育教学研究活动的总称。以幼儿园为本体的教研活动具有学习、研究、进修的显著特征，能够促进教师群体发展和教师的自我发展，也能够促进近年来新一轮课程改革的落实。园本教研是"在本园中，基于本园，为了本园"的教育教学研究活动。这一点将园本教研的三个要素进行了充分反映，这三个要素是：一是研究对象，也就是本园发展过程中所遇到的突出问题；二是研究主体，也就是本园教师；三是研究目的，就是促进本园发展。由此可见，园本教研的本质是以园为本，对幼儿园教育教学发展规律进行进一步揭示，从而促进教育教学质量的提高。

二、园本教研的核心要素

（一）同伴互助

1. 同伴互助的内涵

同伴互助与英语中的同伴指导、同伴监督、同伴评议等概念及中文中的同伴辅导、同伴协助等概念相对应，选用同伴互助而没有选择其他概念，主要因素有两个：第一，同伴互助在同伴之间互动性的突出上是更为有效的；第二，同伴互助能够突出同伴之间的民主、平等和相互尊重，能够帮助同伴教师之间进行更加深入交流与协商，切实提高教师专业发展水平。

对于同伴互助的见解，国内外的学者是有所不同的，国外有学者认为同伴互助是一种专业发展的手段，同伴互助是一个为达到技能提高、对新知识进行学习、实践问题有效解决的目的而采取的相互帮助的过程，在这个过程中，教师之间将知识分享给对方，为对方提供支持，为对方给出相应的反馈意见。这不仅有利于促进教师间的合作，还能提高教学质量。国外也有学者认为同伴互助是指两个或多个教师对当前的教学实践共同进行反思，从而改进与建立新的技能，教师之间进行相互教导，共同分享经验，共同对教学进行研究，对工作中所遇到的实际问题共同进行解决。我国有学者认为同伴互助指的是两个或两个以上教师间发生，将专业发展作为指向，并运用多种手段，主要是为了实现教师自我提升、相互合作、共同进步的持续性和主动性所进行的教学研究活动。

2. 我国幼儿园中同伴互助的主要形式

（1）管理者对教师的指导性引领

管理者统指幼儿园这个群体中的园长、业务园长、保教主任、教研组长等。这类人员在幼儿园这个集体中教育理论相对丰富，能较好地把握幼教新动向，并且具有丰富的实践经验，掌握了一定的优秀教育方法。这类人员应有意识地抓住各种机会（如教研活动、各种专业集会、日常交流等），随机给予教师专业化的引领。这种专业引领既可以是指出教师在教育中的不适宜的教育行为，也可以是管理者根据不同的情况，用不同的方式引导教师实现新《幼儿园教育指导纲要》中的新理念到适宜教育行为的转变，还可以是指出教师教育改进的方向或给出具体的实践策略。

（2）师徒制的互助培养

师徒制的互助培养一般是指采用新手教师与优秀资深教师合作，新手教师对资深教师教育实践的观察、模仿和资深教师对新教师教育教学行为的具体指导，是新教师不断掌握专业技能的一种培养指导方式。优秀的资深教师在教育教学实践活动中积累了丰富的实践知识和教育机智，而这些难以用语言来陈述和传授，但常常在教育实践中得以体现、表达。新手教师可以深入资深教师的教育实践活动去观察、去学习、去体会、去领悟；资深教师通过跟随新教师的教育实践活动，具体指出不适宜教育行为，帮助寻找解决途径，从而促进新教师的专业成长。同时，优秀资深教师可以从新教师那里获得一些最新的幼儿教育理念，并在指导新教师的过程中不断反思和调整自己的教育行为，从而提升自我的专业素养。师徒制的互助培养是幼儿园公认的一种同伴互助的好方式。

（3）教师间的互动

教师间的互动一般是指在幼儿园中不特定的教师与教师之间通过互相观摩、共同合作等方式，在教学基本功、教育教学理论或实践上的相互学习、共同分享、共同提高。它既体现在各种集体活动中（如园本教研）的活动反思交流、集体备课、研讨课后的评课等场合，也常常体现于教师之间针对某个问题所进行的讨论和交流。教师进行同伴互助的过程中，基本上都能从同伴那里学到一些优秀的教学经验和先进的教学理念，也会创造性地产生新的观念，提出新的见解。因此，同伴互助，不仅能够促进优秀教育实践经验的总结、积累和传播，还能促进教师群体观念和知识的更新，帮助教师教育教学中所遇的共同难题得到很好的解决，可见，教师间的互动是幼儿园同伴互助的又一极好形式。

（二）专业引领

专业引领的概念可以界定为通过运用专业理论知识和工作方式，对实践中的自觉性进行很好的引导，并在专业理性的思考中进行工作。园本教研中的专业引领一般指专家、教研员、园长等在了解幼儿园实际教学情况的基础上，采取一种平等合作的方式，将教师教学工作中的困惑进行很好的解决。在教研过程中，教师会存在很多问题和困惑，对自己的专业引领有很大的需求。

（1）教师希望的听课、评课方式

教师认为对自己帮助最大的听课、评课方式，是既有讨论、点评又有与自己教学实际结合的行为跟进方式，有近一半的教师认为专家、优秀教师与自己合作备课、听课、评课指导改进对自己帮助最大。

（2）教师需要的专业指导

教师希望得到结合实际教学中问题的指导，不管是课改专家与经验丰富的教师共同指导课堂教学，还是经验丰富的同事在教材、教法方面的指导，还是同事之间对教学实际问题的切磋交流。教师不喜欢纯理论的指导，不管是同事之间关于理论问题的交流，还是未结合案例的纯理论指导。教师需要有课例的专业引领。

（3）教师最想得到谁的帮助

教师希望得到那些专业研究人员、教研员、校内专家等的帮助，也需要从网络信息、图书资源中寻找到帮助。但是现实情况与教师的希望之间有很大的反差。目前，教师教学中遇到的问题主要是通过网络信息、校内专家和图书资源得到解决，之后才是教研员和专业研究人员。由此可以看出，教师对专业引领的需求和实际得到之间的距离是很大的。

（三）教学反思

教学反思是一种通过提高教师的自我察觉水平来推动教师专业成长，改进教师教学行为，促进教师能力发展，提升教师专业素养的有力手段和有效途径：对于什么是反思，可谓仁者见仁，智者见智。西方哲学通常把反思看做精神的自我活动与内省的方法。

从反思的时间维度把反思分成行动前反思、行动中反思、行动后反思，对应到教学实践活动中就是教学实践活动前的反思、教学实践活动中的反思、教学实践的反思。

（1）教学实践活动前的反思，是教师在进行教学设计时所进行的反思，其中包含对教学目标进行制订的反思，对教学材料进行处理的反思，对教学行为进行选择和设计的反思，对教学方案进行编制的反思，等等。这个阶段的反思需要对教师自己或者他人的经验进行很好的总结，主要建立在过去经验的基础上，具有强烈的前瞻性。教师在反思中能够对教学内容有更为深入的理解，有利于独特经验的形成，促进了教学设计针对性的提高。

（2）教学实践活动中的反思，是教学过程中，对教学情况、教学活动的监控和调节、幼儿的参与和学习等情况所进行的反思。这种反思的监控性是非常强烈的。主要强调的是对教学现场的问题进行很好的解决，从而促进教学能够高质量、高效率地完成，提高教师的教学能力。反思过程中，教师要认真记录反思的内容，如对成功经验的总结，对失败原因的查找，记录幼儿的情况。

（3）教学实践的反思，是在教师教育行为完成之后所进行的思考性回忆，不仅对整个教学过程的教学观念、教学行为、儿童的表现进行回忆反思，还要对教学的成功与失败进行比较理性的分析，并提出相应的改进意见。同样，这种反思也具有一定的批判性。

三、幼儿园教师园本教研选题策划

开展教育研究最重要的一个环节，就是做好课题选题策划。一般来说，提出问题比解决问题更困难。做好选题策划，是决定整个课题研究价值的重要环节，意味着课题研究将解决实际工作中怎样的问题，可能形成怎样的研究成果，关系到整个科研工作的价值甚至成败。做选题的过程，也是捕捉问题意识——形成研究问题——化为课题名称的一个过程。

（一）问题意识的培养

研究者是否具有敏锐的问题意识，对选题及其后期的研究关系重大。

1. 问题意识

问题意识是指人们在认识活动中经常会意识到有一些难以解决的实际问题或理论问题，从而产生一系列的疑惑、焦虑、纠结、质疑的心理状态。

问题意识从某种意义上讲，就是研究者自觉地对相关问题从发现、分析到解决的过程中所持有的主动探寻的态度。人们能否形成问题意识，主要取决于研究者对问题的关注度、敏捷性和感受力，它实际上是研究者对所遇到问题的一种有意注意。比如，新任教师初次与家长见面应该如何沟通，幼儿园一日生活常规如何组织实施，如何帮助新入园幼儿缓解分离焦虑，等等。在日常工作与学习中，我们时常发现身边富有成就的研究者们的一个显著特点——他们有强烈的问题意识，对现实生活中不符合常理的现象、自身的教学困惑都有敏锐的观察、高度的关注与深入的思考，他们都有着强烈的好奇心和探索精神。

2. 树立问题意识的原因

不少幼儿教师缺乏问题意识，不知道如何在诸多教育困惑和各种教育矛盾中找到需要研究的问题。学会"寻找问题"应成为幼儿教师做科研的第一步。通常来说，在学前教育研究中，大家普遍认为，问题即课题，分析即研究，结论即成果。在教育研究中，发现有价值的研究问题，既离不开对鲜活教育现场的敏锐感知，更离不开由表及里、由现象到本质的思考分析、归纳总结。比如，新入职教师在与家长沟通的时候，如果发现家长对沟通的内容不感兴趣，游离自己的话题，是否能意识到自己与家长沟通出现了问题，然后再探究出现问题的原因是什么。因此，教师要树立问题意识，在日常教学活动与带班管理中保持对问题的敏感性，一旦发现了值得研究的问题，要根据自身的研究条件综合考量，思考问题研究的价值大小，思考是不是自己或团队迫切需要解决的问题，厘清相关核心概念，缩小问题的范围，对问题进行提炼和加工，最终把问题转化为课题。

学前教育正处于发展变革的时代，新旧教育观念的相互碰撞，教育技术的更迭变换，使幼儿教育日趋呈现多元化发展。幼儿教师面对的幼教工作，从教育内容到教育形式；幼教涉及的人群从园长到教师，从幼儿到家长；幼教涉及的资源从教育软件到硬件配备，都与以往有很大的不同。在这个背景下，幼儿教育行业发展问题、教学管理问题、师资发展问题、幼教课程问题、教育环境创设等，都需要通过课题研究来适当解决。但是在实际教育中，幼师普遍存在诸多科研困惑，不知道如何做教育研究，不知道如何选取研究对象，更不知道如何设置做研究的过程。

实际上，发现问题是课题研究的起点和源头，研究问题是课题研究的过程和方法，解决问题是课题研究的目的和归宿。幼儿园里包含一日活动、班级环创、家园共育、教研组建设、教育管理等，都有很大提升空间，都可以成为研究问题。不是没有问题，而是教师面对熟悉的幼儿园生活习以为常，缺少敏锐的观察力，更缺乏必要的问题意识。

3. 问题意识的培养

幼儿教师要想深入开展好课题研究，最为迫切的任务是要主动培养自己的问题意识。幼儿教师可以从思想认识和具体实践两个方面着手进行培养。

首先，在思想上保持对问题的高度敏感和关注。幼儿教师要做工作、生活的有心人，有时刻观察留意身边发生的问题的意识，遇到任何困惑或者疑难时，主动自觉地去思考：这个困惑是不是会成为潜在的值得关注研究的问题。假如在工作中真的发现了一些问题，能够及时敏锐地感知到问题的存在，迅速地对问题的价值做出判断，这样做就形成了人们常说的具有了问题意识、问题思维。比如，新任教师出现与家长沟通不畅的情况时，不要放弃与家长继续沟通的欲望，要树立寻求解决问题的意识，清晰地认识到家园合作是幼儿园班级工作重要的组成部分，回顾与家长沟通过程中的情景，反思自己与家长沟通中可能存在的问题。

其次，在行动上要及时搜集、整理问题，进行问题的加工提炼。日常工作、生活中需要养成质疑的习惯。教师需要对每天看到的事情与现象，反复地探寻"为什么"会呈现这样的事物或现象，追寻思考问题存在的根源，去了解其呈现的过程，追问其出现该事物或问题的原因，通过反复探寻事物或问题的来龙去脉，尽力做到既知道现象，还知道问题，又洞悉问题的成因，还能预估该事物的发展规律，真正做到知其然又知其所以然。比如，新任教师与家长沟通出现问题时，要思考出现了哪些问题：自己对问题的表达不够清晰准确，解决问题缺乏针对性；专业能力欠缺，无法让家长信服；沟通中的解决方案缺乏家长立场，让家长产生质疑等。

（二）研究问题的形成与提炼

1. 研究问题的特点与基本要素

日常工作中所养成的问题意识很容易向研究问题转化。幼儿教师的研究问题应该具有两方面的特点，一是真实存在的与幼儿园工作相关的问题，二是问题有亟需解决的必要性。

研究问题的基本要素包含三种，分别是问题的起始状态、目标状态、两者之间的差距。问题的起始状态，是指一组已经明确知道的关于问题的条件描述，这是问题研究的起始状态；问题的目标，指关于构成问题研究结论的明确描述，即问题解决需要的答案或者达成目标状态；问题之间的差距，指问题的起始状态与目标达成之间的直接或者间接的距离。

作为课题研究的问题，一般需要具备上述三个要素。研究者在确定课题研究之前，心中对这三个要素就应有明确的定位，这样也就避免了选题的盲目性和随意性。比如"幼儿园教育中的小学化倾向的调查研究"这一研究课题，包含的"问题"是：为什么幼儿园教育中存在按照小学教育的教学内容、教学方式操作的情况？

这个问题的起始状态是：部分幼儿在幼儿园接受的教育有问题，不能真正接受幼儿需要的教育。问题的目标状态是：研究调查出部分幼儿园小学化的真实原因。问题的差距是：造成部分幼儿园小学化办学的种种原因。这个结果可以表述为：哪些原因（原因1是……；原因2是……；原因3是……；原因4是……；原因5是……，等等）导致幼儿园的孩子没有接受真正意义上的幼儿教育，反而接纳的是小学化教育。

幼儿教师在确定研究课题时，如果能够这样厘清问题的三要素，并且能做到溯根求源，在教育实践中探索，在反思中总结，那我们就抓住了课题研究的实质问题，我们所遇到的教育教学疑难就会在研究中迎刃而解。

2. 提炼有价值的研究问题的步骤

一个好的研究问题的提出，意味着课题研究已经成功了一半。如何才能确立有价值的研究问题呢？通常有这样几个步骤：

（1）进行研究问题的收集。有了问题意识，进行问题的收集和深度追问并不难，比如，围绕活动设计问题、课堂提问，如果能结合自己的教学实际，展开深度追问，可以衍生出数个问题来。在日常实践研究中，如果能把这样数个问题都解决了，你就会成为教学研究的骨干。

（2）建立自己或团队的问题库。教师要坚持对问题的收集整理和思考提炼。在日常的教学活动和带班管理中，教师应该从自己感到疑难困惑、不满意或急需改进的方面去收集研究问题，挖掘出值得研究的问题领域来建立一个属于自己或团队的"问题库"。比如，如何处理幼儿之间发生的矛盾冲突；如何在教学活动中做到有效提问；如何组织开展区域活动等。另外，教师也可以了解、收集幼儿在一日生活中遇到的问题，或者家长在育儿方面的困惑与问题，并将这些问题纳入自己的问题库中。

建立问题库，对问题逐条进行细致的分析梳理，通过对"问题"的系统思考，探索引发问题的深层原因，由问题上升提炼成课题，最后通过研究找到解决问题的方法策略，进行归纳提升，从而形成相关研究报告、案例等有形成果，并进行经验推广，使其服务于教育教学。

（3）研读前沿成果，衍生新问题。通过大量研读您感兴趣的幼教某个领域的知名专家和幼教方面的权威学术期刊的科研成果，获取对前沿创新性成果的了解，进而推测该领域的学术发展趋势，进行相关问题及其衍生问题的研究。

四、园际教研

新课程呼唤新的园本教研形式，决不能只局限在园内开展教研，而应当敞开园门，活跃园际之间的教研活动，于是，园际教研——这种顺时应势的新型教研形式就应运而生了，它丰富了园本教研的内涵，拓宽了教研活动的渠道，提升了教研活动的品质。

（一）幼儿园园际教研的含义

园际教研活动应该从原来的个体化、孤岛式的研究向群体合作性的研究进行转化，也就是以园为本的合作教研，地域相邻、专题相同的园所中选择则两所或两所以上的园所，有多种力量（教师与园长、教研员与专家）介入的教研共同体，对不同园所的潜力与资源进行充分挖掘，园所之间的合作和互动要有计划性、有目的性、有选择性，寻求共同发展的一系列教研活动。

广义的园际教研包含理论学习、案例学习、教学观摩等学习活动，以及教育教学工作研究、专题研讨、课题研究与课程建设等研究活动，还有教育指导、服务、治理等活动。狭义的园际教研主要指研究活动。

（二）幼儿园园际教研的功能

1. 信息互通

各园的教师都有自己园所文化的熏陶，在教育理念、教学方法等问题上的碰撞、争鸣，园所之间的合作和交流要具有开放性，要对共性问题进行多角度的分析，对不同的观点进行共同的探讨，从而达到信息的通畅、开放、互补。

2. 资源共享

园际教研活动可使培训资源互相充分利用，优质资源共享，优势互补，使其教育效益最大化。实现各园骨干教师的特长共享、专家报告共享、研究成果共享、教学设备与仪器共享等。

3. 行为跟进

教师的专业成长是在"做"中实现的，教师理念的转变，教学个性的张扬，通过互动式园际教研活动后，需要教师共同的行为跟进，在各自园所的教学中进行实践反思，在反思后再次实践。

4. 专业提高

园际教研活动的重点一般体现在四个方面：新教材的实施、专题研讨、课题研究、园际课程的开发与利用。从而对各个园所的专业教学能力进行大大的提高。

（三）幼儿园园际教研的任务

通过近两年我区对园际教研的初步探索，我们抓住如何创造性使用新教材的共性问题，以中班《学习活动》教材作为研究载体，以我区市课改试点园——本溪幼儿园作为"龙头"单位，组织了10所一级、二级园的中班教研组长展开两周一次的园际之间的合作研究与互动学习，主要凸显了以下四方面的任务：

（1）开展幼儿园教育教学常规工作的研究。解决各园在日常教学中仅凭自身力量难以解决的常规问题。如一般的备课问题：内容的选择、目标的确定、方法的运用、多媒体的使用、家庭教育的指导等。

（2）开展学前教育课程改革的专题研讨。针对各园在实施新课程中存在的共性的、影响较大的，且一所幼儿园难以较好解决的问题，确立为专题，开展园际研究。如我们开展了"主题背景下的集体教学活动"的专题研讨，分别对"学习活动目标的定位和内容的把握""主题背景下集体教学活动中教师的回应策略和反思""主题背景下音乐活动与数学活动的开展"等方面内容进行了实践研讨。

（3）开展学前教育科研的课题研究。从共同探讨的大量专题中筛选出值得深入研究的问题，立项为课题，集中各园的优势资源，以"课题驱动"合作研究攻关，进一步激活教育、教学思想，提高园际教研的质量。

（4）建设推广应用园际课程。将课题研究中好的成果形成园际课程，在多所幼儿园建设园际课程、推广应用园际课程。引导广大教师在实践中尝试运用，不断地体验其中的价值，一步步靠近新理念，最终实现由新理念向自身信念的内化，进而自觉地指导自身的教育行为。

（四）开展幼儿园园际教研活动的原则

1. 调整心态，合作研究的原则

在园际教研中，尽管参与的每所园、每位教师在客观上是有"差异"的，但是这个"差异"绝不是以一方的绝对优势和另一方的绝对劣势来区分的，这种"差异"本身就可以被看成是一种教研的资源，通过共同反思和共同建构，使参与的各方都达到一种新的、更高层次的境界，使每一个园际教研的成员都能从中得到启发和帮助，营造一种民主、平等、互惠的教研氛围，使质疑、反思、合作研究、自主更新成为每次教研的主流，使各园教研之间形成上下联系、纵横交错的网络，逐步构建互通有无、相互借鉴、分工合作、合力研究的教研共同体。

2. 平等对话，互动学习的原则

在园际教研活动中，不同个体之间的平等对话是最重要的。我们鼓励每个成员以"讲自己的故事"的方式，描述自己经历过的教育事件，大胆说出自己的想法和做法，表达自己的观点，交流自己的反思，使得有着共同教学背景的其他成员在"移情作用"下，将自己迁移到别人的"故事"中，并联系自己类似的经历，以合作者的态度表达自己的意见，听取他人的声音，从而在提出问题和解决问题的过程中获取教育智慧。同时将园所之间的差异转化为互动学习的宝贵资源，在交流、磋商、质疑、践行的过程中，相互利用彼此园本教研活动的思想资源和成功经验，取长补短，互动学习。

3. 制度支持，讲求实效的原则

园际教研的有序化、制度化、规范化，离不开园际教研制度的建立。可以从三方面进行园际教研制度的建立。一是建立园际教研领导治理机制。成立园际教研领导组，主要由教研员、园长、教研组长、骨干教师组成，负责园际教研活动的策划、规划、协调、治理、检查、评估等。二是建立园际教研活动制度。教研计划方面，园际教研领导组在制订过程中要认真，保持教研活动所具备的系统性、稳定性和持久性。在园际教研领导组中设立园际教研负责人，主要负责各项教研活动的组织与执行工作，从而保证园际教研活动开展的有序和有效。三是建立园际教研评估激励制度。园际教研领导组在跟踪治理中要对组内成员和教研成果进行评估考核，并采取一定的激励机制，进一步促进教师对园际教研参与性和积极性的提高。

4. 民主宽容，解剖"麻雀"的原则

园际教研要有一种民主、宽松的"教研沙龙"氛围，以利大家畅所欲言，让大家自愿地参加。每个参与园际教研的单位与成员都要甘当"麻雀"，大胆展示"教学的成功事例"和"教学的遗憾事例"，以供大家在真实的教学情境中剖析探讨。要有非凡的勇气将"不成功课例"中出现的问题当作教学研究的宝贵资源，从而找出问题和解决问题的策略。

第二节 幼儿园教师教育技术的提升

一、教育技术概述

教育技术，主要是起自二十世纪初的以视听教育技术为主要表现形式的教育技术，早期的视听教育技术主要包括在课堂使用幻灯、录音机设备等教学方式来辅助教学，使得课堂教学形式生动多样，更好地激发学生的学习兴趣。20世纪50年代，我国教育部专门成立了电化教育处，电化教育处成立的主要目的便是推广使用新型的教学技术和教学手段。在成立电化教育处后，我国利用无线电广播技术进行教学得到了显著的普及，外语学习、文化课补习以及函授教学等教育方式得到了快速的发展。20世纪80年代，伴随着改革开放的浪潮，我国对西方先进教育手段和文化知识的学习得到了进一步发展。为了给我国培养出更多的专业化、现代化人才，分别开展了电教发展规划、视听教学设备引进等工作，并成立了专门的教育电视台。进入新时代之后，随着互联网技术的普及，我国也成立了相应的教育科研网，使得电脑辅助教学开始广泛地应用于学生教学。

美国著名的教育学家萨里奇对电脑灯信息技术辅助教学的教学效果进行了探究，结果发现不论是小学教学还是大学教学，应用了电脑辅助教学的学生不论是思维方式，还是学习成就都显著优于传统教学方式。通过电脑辅助教学计划的实施，还能够显著减少教师的教学时间，同时让学生对学习内容更容易理解，从而显著提升了学生的学习效率，这与当前环境下人才培养的高效化理念是相符合的。

二、教育技术对幼儿教师教学思想的影响

（一）教学活动方面

1. 有利于培养幼儿的学习兴趣

教育技术能够营造一个十分轻松、优美、愉悦的教学环境，能够促进幼儿提高想象力和语言表达能力。例如，在进行语言教学的时候，传统的教育模式中，

幼儿教师通常都是自己朗读课文，让幼儿跟读，这样虽然也能够起到一定的作用，但是由于幼儿教师往往难以引起所有幼儿的兴趣和注意力，使得教学效果十分有限。而通过现代教学技术，幼儿教师可以通过相应的课件，利用多媒体的形式，将课文展示给幼儿，通过动画片的形式，将文章的内容展示给幼儿观看。让幼儿轻轻松松地就能掌握整个故事内容，并且针对课件中各种语言对白的声调、语速、神态等各方面的不同，让幼儿进行模仿和训练，可以很有效提高幼儿的语言表达能力。这样，教师在轻松、愉悦的课堂氛围中，就能够轻松地完成教学目标。

2. 有利于培养幼儿的科技素质

在幼儿教育中，科技方面的教学是其中比较重要，同时也是比较困难的内容之一。在传统幼儿教学当中，由于这方面的知识和内容相对较为枯燥和乏味，理论和概念性的东西偏多，教学效果始终不理想。因此，一些幼儿教师对此就没有给予足够的重视，使幼儿在这方面的基础十分薄弱。而现代教育技术的应用，让幼儿教师改变了这种教学思想，他们可以利用现代教育技术，将科技教学的一些成果或实验等展示给幼儿观看，通过神奇的科学现象，引起儿童的兴趣，让幼儿能够积极主动地参与到学习当中。

（二）游戏活动方面

1. 营造氛围

在传统幼儿教师的教学思想当中，对于游戏活动的重视程度明显不足，认为只要组织幼儿做游戏就可以，忽略了氛围的重要性。例如在进行音乐游戏时，幼儿教师往往只是给幼儿播放录音，效果十分不理想。而在现代教育技术的影响下，幼儿教师可以利用多媒体设备，将音乐、舞蹈、动作等立体、直观地展示给幼儿，让他们能够充分感受到声音、画面、动作相结合的和谐效果。运用教学课件，将音乐与画面有效地融合在一起，将以前难以描绘的情境直观地展示出来，更加有利于幼儿的理解和模仿。

2. 积累经验

在传统的幼儿教学当中，对于游戏经验的积累，条件较好的幼儿园会带领学生到一些活动场所实地进行参观了解；而对于一些条件相对较差的幼儿园，只能通过图片、文字等枯燥的、乏味的讲解和展示，让幼儿慢慢了解和掌握，效果十分有限。而如今，幼儿教师可以通过利用现代教育技术，将这些需要进行了解和体验的场景以视频的形式拍摄下来，让幼儿在不能现场体验的情况下，也能有一个相对比较直观的感受，大大缩短了幼儿教师的讲解时间和讲解难度，提高了游戏活动的效率和效果。

（三）日常生活方面

1. *有利于幼儿拓宽视野*

在幼儿园课间休息的时候，幼儿教师可以利用现代教学技术，通过多媒体等设备，播放一些有教育意义的内容，让幼儿可以自行浏览和观看，以拓宽幼儿的视野，增加幼儿的知识面。应当注意选取一些生动、活泼、趣味性强，能够吸引幼儿的注意力，引起幼儿兴趣的内容，这样才能够取得更好的效果。

2. *方便家长与幼儿园之间的联系*

幼儿教师可以利用现代教育技术，通过网络等方式，加强与幼儿家长之间的沟通和联系。家长可以通过幼儿园的网站等渠道，了解幼儿在幼儿园中的日常学习、生活的情况，观看课堂教学的内容和过程，以对幼儿的日常表现有一个更加直观的了解和掌握。通过这种方式，家长可以在平常的生活中以适当的方式对幼儿进行鼓励和引导，促进幼儿的发展。同时也能够对幼儿教师及幼儿园提出合理化的建议和意见。幼儿教师可以通过网站交流掌握家长们的反馈信息，有针对性地进行采纳，以更新自己的教学思想，提升教学手段和教学效果，从而使幼儿教育变得更加完善和高效。

三、利用教育技术促进幼儿教师专业发展

（一）利用教育技术，分享专业信息

1. *利用教育通讯平台，分享专业信息*

幼儿园教师善于学习，他们经常在网络浏览专业书籍、DIY 网站、幼儿教育网站等，这些信息稍纵即逝，教师留心观察还要及时分享。我们为每位教师配备了照相机，将这些资源及时拍摄记录下来。通过建立幼儿园内部的 QQ 群、微信群等交流群体，将信息在群内发布，教师间互相分享，将个体的知识经验变成集体的智慧。除了交流群内分享，我们还定期举办经验分享交流会，教师用视频展示仪、电视、计算机等展示各自收获的新鲜信息，使教师的发展具有持续性和持久性。

2.利用内部局域网,分享专业经验

教师在教育实践中积累了适合各年龄班教育的经验,但是没有及时收集整理,很快就会遗忘和流失。我们利用幼儿园设置的局域网,在其中设置"问答对对碰"的共享文件夹。园部在其中围绕幼儿园园本课程或幼儿园研究的课题,发起讨论话题,教师也可以根据最近在教育教学中遇到的问题或困难提问。教师在备课及空闲时间随时进入,结合实践经验采用跟帖的方式发表自己的见解。它打破了班级、年级之间的界限,解决了时间和空间无法及时统一的问题,给予教师交流应用的平台,使有效经验及时得到传承、扩展并发扬光大,让各层面的教师更好地发挥作用,更加主动地探究和解决教育过程中的问题。

(二)利用教育技术,增强教学能力

1.进行专业培训,增强教学设计能力

我们对教师展开培训,引导教师熟练使用各种多媒体技术,设计不同学科、不同主题的教学课件和操作平台。为幼儿提供运用多种感官、动手动脑的机会,发现问题,解决问题,并在学习中形成新的问题,让幼儿在愉快的探究中得到持续发展。

设计教学课件不仅增强了教师的教学设计能力,也是教师教育观念转变的过程。教师要从幼儿的角度出发,允许幼儿在学习的过程中"犯错",在不断的"错误"中循序渐进地构建富有个性的知识结构,真正做到促进幼儿在原有水平上的发展。

2.建立互助学习团体,增强教科研能力

现代信息技术不仅对教师个体的学习和研究有着明显的促进作用,而且有助于教师间的沟通、交流和合作。教师间的交流和研讨可以帮助教师相互借鉴,澄清教育认识,探寻最佳教育行动方案。幼儿园可以将教师构建成不同的学习共同体,开展不定期的培训和交流活动。

(三)利用教育技术,提升专业修养

1.整合文案工作,减少职业倦怠感

当前,幼儿教师有很多文案工作,例如各种观察日记、效果分析、教育叙事等。在无法改变现状的前提下,幼儿园教师可以利用现代教育媒体有目的地将其进行整合。由于现代教育媒体的优势，教师的一份文档，能够多次反复使用，使得文案工作的整合处理更加快捷和合理。一方面，可以促进教师对于自己研究课题的思考和认识，提高研究的深度，避免了浅尝辄止的研究和应付式的文章；另一方面，又减轻了教师案头工作的负担，使得教师有更多的时间关注于教学和儿童发展，减少教师的职业倦怠感。

2.建立教师资料库，增强职业幸福感

备课和准备各种教学材料是幼儿教师的必修课，它们占用教师的大量时间。然而，事实上只要我们合理利用现代教育技术建立资料库，及时收集教师的优秀案例、教学幻灯片、电子图画、歌曲音频、网站链接等，并分门别类地建立资料包。当本班幼儿进行类似活动时，教师就可以以这些教案或资料为参照，根据本班情况进行改编，不仅能够节省时间，还能把节省的时间用于对儿童的观察、指导和与儿童的互动。真正做到时时留心、物为我用、今为明用。

四、幼儿园教师教育技术——多媒体技术

（一）多媒体课件的概念

早期的多媒体课件是用于执行教学任务的计算机程序，称为教学软件或课程软件，属于计算机辅助教学的范畴，即用计算机技术帮助或代替教师执行部分教学任务，向学生传授知识和提供技能训练，直接为学生服务。随着计算机应用领域的不断拓展，以及多媒体技术、网络技术的不断进步，多媒体课件的应用逐渐普及，其表现形式也愈加丰富。

多媒体课件是根据教学大纲的要求和教学的需要，经过严格的教学设计，并以多种媒体的表现方式和超文本结构制作而成的课程软件。简单来说，就是教师用辅助教学的工具，根据自己的创意，先从总体上对信息进行分类组织，然后把文字、图形、图像、声音、动画、影像等多种媒体素材在时间和空间两方面进行集成，使它们融为一体并赋予它们以交互特性，从而制作出各种精彩纷呈的多媒体应用软件产品。

（二）多媒体课件的类型

多媒体课件按照不同的分类标准，会有不同的分类方法。

1. 根据内容与作用

可以分为助教型、助学型、训练与练习型，实验型及资料、积件型。

（1）助教型的多媒体课件是为了解决某一课程的教学重点与教学难点而开发的，知识点可以不连续，主要用于课堂演示教学，所以，也称为课堂演示型多媒体课件。

（2）助学型多媒体课件是通过体现在界面上的交互式设计，让学习者进行人机交互操作，可以让学习者自主地学习，所以，也称为自主学习型多媒体课件。

2. 根据使用方式

可以分为课堂演示型、学生自主学习型、教学游戏型、模拟实验型、操作演练型、资料工具型、协作交流型。

（1）课堂演示型多媒体课件应用于课堂教学中，其主要目的是揭示教学内容的内在规律，将抽象的教学内容用形象具体的动画等方式表现出来。

（2）学生自主学习型多媒体课件应用于多媒体CAI网络教室环境下，学生利用学生工作站进行个别化自主学习。如目前流行网络课件多数就是这种类型。

（3）教学游戏型多媒体课件是将学科的知识内容，通过游戏的形式呈现出来，为学生提供一种富有趣味性和竞争性的学习环境，激发学生的学习动机，使学生在富有教学意义而且教学目标明确的游戏过程中，训练或掌握知识、提高能力，寓教于乐。此类型多媒体课件能极大激发学生的学习兴趣，可用于教学过程的多个阶段，适合以学生为主体的发现式学习。

（4）模拟实验型多媒体课件是利用计算机产生各种与现实世界相类似的现象，学生可以在接近真实的情景中，扮演角色，模拟操作做出决策，观察事物演变的过程与结果，从而认识和理解这些现象的本质。模拟实验型多媒体课件在教学活动中应用的方法多种多样，常见的有演示模拟、操作模拟、实验模拟和管理模拟等几种方式。此类型多媒体课件能解决师资力量不足、教师教学任务繁重、实验场地和设备严重不足等问题，同时还能展示肉眼无法观察到的宏观世界和微观世界，可以避免真实实验或操作所带来的各种危险，具有生动、形象、直观、经济、安全和缩短实验周期等特点。

（5）操作演练型多媒体课件通常利用计算机所具有的智能判断对学生的练习成果即兴判断，统计出学生的知识缺陷，并让学生重新练习。教学过程是按照一定的规则向学生提出问题。

（6）资料工具型多媒体课件不提供具体的教学内容和教学过程，而注重知识信息的检索和学习资料的提供，主要供学习者检索与查询，以获取信息，扩大知识面，如百科全书、电子字典、各类工具书及各类图形库、动画库、声音库等。

（7）协作交流型多媒体课件是一种信息呈现和传递的工具，运用网络传递教学和学习信息，学生可以在特定的环境中自由发表自己的观点，也可以和老师、同学就某个问题交流讨论。师生、生生之间的交流和协作，不仅有利于知识的熟练掌握、能力的迅速形成和理解的深化，而且还能培养学生的合作精神。

3. 其他分类

（1）根据在教学中的应用范围和属性可以分为自学型、理论型、实验型、网络型。

（2）按照操作流程可以分为顺序型、分支型、交互型、网络型。

（3）按照教学中的作用可以分为贯穿全课程型、突破重难点型、教学自学兼用型。

（4）按照教学中的目的可以分为测验型、教学型、模拟型、开放型。

（5）根据使用对象可以分为供教师使用的演示型、供学习者使用的指导教学型。

微课型多媒体课件是目前教育技术领域关注的一种新型资源形式。它是以视频为主要表现形式的目标明确、内容聚焦、时间较短且包含完整教学过程的视频课程。

虽然我们把多媒体课件分成了这么多类型，但有时对于某一种多媒体课件，很难把它单纯地归结为哪一种类型，分类的目的只是便于大家更好地理解多媒体课件。

（三）多媒体课件设计与制作

创作一个优秀的多媒体课件，幼儿教师需要具备多方面的能力，包括多媒体课件设计能力、媒体素材的采集处理能力、多媒体课件开发平台使用能力以及课件评价能力。

1. 多媒体课件设计

俗话说"成竹在胸"，课件设计是课件创作的第一步和灵魂，是制作课件的蓝本和依据。怎样选题和确定教学目标，如何围绕主题及目标组织内容，教学内容的媒体选择、呈现方式，课件的框架结构，界面风格设置，导航与链接设置，课件的画面布局、颜色搭配、视听效果等都是课件设计中需要解决的问题。简而言之，课件设计能力包括课件的教学设计能力、软件设计能力和美化设计能力等方面。

2. 媒体素材的采集处理

素材是课件的基础。素材的收集加工是课件开发中最考验实力的一项工作，媒体素材的选择与收集要根据课件设计阶段的教学需要来开展。素材形式多样，其获取的方式也是多样的，如网上下载、使用光盘素材、利用扫描仪、数码相机等获取图像，使用录音笔、话筒等录制声音，以及使用录像机录制视频信息等。收集的素材还需要"切割"与"打磨"即二次加工，才能具有非凡的表现力与感染力。对媒体素材进行采集与处理是幼儿教师必须具备的一项能力。

3. 多媒体课件开发工具使用

熟练使用多媒体课件开发工具、将各种课件素材按脚本设计要求有机地组织在一起是课件创作的关键一环。目前多媒体课件开发平台工具有许多，如PowerPoint、Author ware 和 Flash 等，对于幼儿教师来说，选择合适的开发工具创作课件能够实现教学效益，达到事半功倍的效果。

4. 多媒体课件评价

一个课件作品能否达到预期效果，这就要求教师必须具备课件评价的能力，一般分为诊断性评价、形成性评价和总结性评价，分别在课件开发前、开发中和开发后进行评价，只有教师具备多媒体课件评价能力，才能在课件开发过程中不断调整步调、改进策略，真正创作出优秀的幼儿多媒体课件。

（四）多媒体课件的设计原则

1. 教育性原则

多媒体课件的教育性原则要对学生获取知识、发展能力、培养品德起到良好的教育作用，有益于学生的个性发展，是多媒体课件首要遵循的原则。多媒体课件必须以教学大纲为依据，体现的教学目标务必清晰、明确，要突出教学重点，突破教学难点；根据教学目的与要求，发挥计算机多媒体图文并茂、形声并举的优势来表达教学内容，利用其交互性来实施教学；要求定位准确、针对性强，多媒体课件是专门针对学习者设计、开发的学习资源，是为学习者服务的；为了与教学活动有机融合，课件设计形式要灵活多样，既能教学演示，也能讨论探究，既能练习强化，也能延伸第二课堂，这样才能使课件与教学合二为一。

任课教师不仅要借助课件传递教学知识，还要借助课件引导学习者思考问题、分析问题、解决问题。设计课件时，可设置多个难易不同的问题逐级引发学生思考；可依据学习者的兴趣、爱好引导启发，调动其学习积极性；可通过创设情境的方式，让学习者在虚拟情境中体验、观察，引导其分析现象背后的本质；也可采用比喻、类比、比较等方式启发学习者积极思维，让学习者不再被动、机械式地学习。

幼儿园多媒体课件要特别注意能激发幼儿的学习兴趣，能调动其积极性和创作性，突出启发性教学，有助于幼儿自主学习；还要因材施教，对教学效果进行及时有效的反馈，帮助幼儿及时调整学习内容和进度，符合幼儿的认知规律，促进幼儿智力的发展和能力的提高。

2. 科学性原则

科学性原则在幼儿园多媒体课件中指的是呈现给幼儿的素材是科学、有效、符合客观规律的，主要体现在以下几个方面：

（1）运用正确的、与教材一致的术语来解释概念、说明事实、组织材料、论证观点，并且要具有逻辑性。

（2）多媒体素材要符合教育规律，并且能反映客观事实；

（3）材料、文献等的选取要有依据；

（4）图表、公式、字母要统一标准；

（5）不同媒体表达的信息要一致；

（6）解说词要准确且精炼；

（7）音乐使用要合理、音响效果要逼真。

幼儿园多媒体课件必须准确反映客观规律，符合科学原理，名词、术语和符号的使用都要符合相应的规范，符合幼儿园的教学规律。

3. 技术性原则

在幼儿教学中，应用到的技术原则指的是教学课件要操作说明完整、操作简单易学、导航清晰、程序结构简单、操作方式前后一致、有可靠的交互和控制、资料完备而且有相应的容错能力。技术性原则可以使多媒体课件更加精准、可靠。举个例子，课件中的图片要力求既能够清楚显示，又不占太大空间。要有良好的通用性、兼容性和可移植性，便于跨操作系统或浏览器使用。另外，"技术至上"的理念是不需要保持的，这种观念太过激进，并不是完全正确，因为教学课件的技术难以同时会受到师生、教学过程设计、教学内容等影响。

幼儿园多媒体课件要充分利用多媒体技术的优势和特点，具有较强的交互性、集成性和灵活性，课件的运行具有稳定性，界面能够实现友好的人机交互操作，符合幼儿的学习规律。同时根据幼儿教师制作课件的实际能力水平，选择应用比较广的课件制作软件，注重实用性和可操作性。

4. 艺术性原则

这里的艺术性原则指的是传递信息时利用声音、图片等多媒体信息进行交互，这样不仅可以使学生的学习兴趣提高，而且可以使其在短时间内对所学内容有较深的理解。

艺术性原则主要体现在以下几个方面：

（1）首先课件页面要大方简洁；

（2）课件在教学中的使用是为了学生更好地进行学习，假如课件和电子书、说稿一样，那么课件的存在和使用便没有了意义，所以要对所讲内容的关键知识进行突出，使学生对这些内容记忆深刻；

（3）课件中的图表要清晰，排版要美观；

（4）课件中的色彩搭配要和谐；

（5）课件中的声音要动听。

幼儿园多媒体课件的教学信息要层次分明、布局合理、重点突出、动静结合，教学信息和操作信息的安排衔接合理，色彩、音效等元素都要与教学内容统一，程序运行的节奏要符合教学过程的需要，有利于幼儿对知识的理解和接受；另外，由于幼儿更加偏向鲜艳的色彩，所以教学课件需要照顾到幼儿的好奇心，帮助其建立正确的色彩感知能力和审美，使其在欣赏课件中获得美的感受；幼儿一般都对音乐感兴趣，音乐中强烈的情绪对比、鲜艳的感情描写能够抒发幼儿内心的感受，恰当的音响能缓和幼儿紧张的情绪，吸引幼儿的注意力，调动幼儿的探知欲。

（五）幼儿园多媒体课件的作用

随着现代教育技术理念的发展，幼儿园多媒体课件已经渗透到幼儿园的各项活动。幼儿园多媒体课件制作是现代教育技术的重要内容，是教育信息化的重要方面。掌握幼儿园多媒体课件的基本理论，设计、制作和应用多媒体课件于幼儿园活动之中，是现代幼儿教师教学技术水平和能力的重要体现。依托幼儿园多媒体课件，可以提起幼儿的学习兴趣、促进教学的进行、提升教育效率和教学质量、培养幼儿信息素养，同时还可以促进幼儿教师能力的增长。

第三节 幼儿园教师教学能力的评价

一、教学能力评价主体

对于教学来说，教学评价可以衡量教学行为，同时评价还可以指引教师进行科研和教学时按照一定的标准，这样有助于教师的专业发展。作为一种价值判断活动，教学评价是对客体（教师）满足主体（学生）需要程度的判断。

（一）自我评价

教师自我评价实质上就是教师自我认识、自我分析、自我提高的过程。教师自身积极参与到评价活动中来，具有下列促进作用：

（1）帮助教师内化自身的角色。由于教师在进行自我评价时，可以深刻认识外部对于教师的要求，从而将其内化为自身的行为标准，使自身在教学中严格按照该要求规范自己的行为。

（2）有助于教师激励其内在动因。对自身进行的自我评价可以使自身通过自我教育，从而找到自己的成绩差距，以产生前进的动力。

（3）有助于教师的自我反馈。教师进行自我评价可以对自身的教学行为作出一定的检查，从中吸取经验反馈到将来的教学活动中。自我评价过程中教师要调节自身的动作和心理，强化正向的行为，抑制错误的行为。

（4）有利于克服对他人评价的逆反心理。

（二）同行评价

同行评价在教学前需要围绕被评价者进行，其目的是使被评价者的思想得到明确和改进。在教学后，对于课堂教学的整个过程，被评价者需要进行反思。教学前和教学后同行评价首先要为被评价者提出有用的反馈，举个例子，结果是否匹配意图；然后同行评价要为被评价者提出相应的有效指导，如意图和结果之间的沟怎样才能填平？为了适合意图，怎样改进教学设计？

需要指出的是，在同行评价中，评价者与被评价者之间的关系，应该从相互对立的状态，变为协同合作的一体。评价在本质上应成为一种通过"协商"而形成的"心理建构"。协商打破了传统评价信息自上而下的流动方向，在协商过程中，评价者与被评价者有着平等的表达机会，他们同样都要尊重对方、欣赏对方。当评价成为一种协商，评价者和被评价者的身份就会变得模糊，在你来我往的讨论过程中，评价成为一个融合的整体。这样，评价本身不仅仅在于给出一个评价的结果，也变成一个具有教育意味的过程。在进行同行评价时，教师们在平等的原则和尊重的前提下，以辩论、讨论、协商等方法来主动调控评价，这样同时可以提升教师们的眼界和素养。

二、评价幼儿教师日常教学活动的误区

（一）幼儿园方面

幼儿园对教师日常教学能力的评价存在不足，主要表现在以下几个方面：

首先，权威性的单向评价，即每个幼儿园都有自身的评价标准，由园领导制订和实施评价，教师不参与评价标准的制订，而且评价结果往往与奖金和工资相关联，教师没有讨论与反驳的机会，在日常教学评价方面被剥夺了教师自主权，只能消极接受评价结果，这种单向评价极大地削弱了教师积极性。

其次，注重技能，即重视对唱歌、舞蹈、手工、钢琴等外显技能的评价，定期进行技能比赛，外显技能能让一部分教师直观地展示自己，但是在这些评价中也自然地掩盖了对教学专业知识能力的评价，并不能体现对教师评价的客观性。

然后，评价手段与方式不合理，即在评价中过多地关注教师的学历、职称以及获奖情况，忽视了教师专业知识与素质对儿童深远影响的考虑，致使很多教师

对评价反感或者急功近利。

（二）教师自身方面

受各方面的影响，教师在对自身日常教学能力的评价中也存在着一些问题，主要表现在以下几方面：

（1）过度注重有没有完成教学目标，并没有仔细反思教学活动的过程，例如，教学活动是否符合幼儿的心理需求；是否在了解幼儿身心发展规律、独特需要和潜能的基础上设计教学；是否把对孩子的约束和限制降到了最低；是否真正做到了"寓教于乐"，而不是单一地评价自己的这堂课是否达到了教学目标。

（2）过度评价自己的授课，缺少对幼儿的评价。例如在活动结束后教师往往过多地评价自己运用哪种教学方法，如何让课程顺利完成，并没有去评价这次日常教学活动是否符合幼儿需求，吸引幼儿；在教学的过程中有没有出现新的问题，是如何解决这个问题的，有没有抓住教育契机创新性地调整课程，使幼儿收获新的发现；在教学过程中是如何与幼儿互动的，这些互动是否有助于幼儿自主探索学习。因此，教师不能过多地关注自己而忽视幼儿，对教学造成重大损失。

（三）家长方面

家长对日常教学活动的评价会影响幼儿教师的教学安排，如果家长过多地关注幼儿知识方面的收获，教师为了使家长得到满意，达到幼儿园效益，会在日常教学安排中偏重文化知识。但是，这样对于各方面都继续发展的幼儿来说是不合理的，不利于幼儿长远发展。

三、评价教师日常教学的主要标准

（一）如何设计和实施教学活动的

在日常教学活动的设计上，是选择教学参考书上提供的某个活动方案按部就班地进行教学，还是根据本班幼儿的现实需求选择适宜的活动方案？在教学策略使用上，是严格按照教案计划策略进行，还是根据本班幼儿的实际情况选择适合本班幼儿发展水平和学习特点的策略？另外，在教学活动过程中是否做到了与幼儿互动，并引导幼儿积极讨论与询问，成为一个主动的学习者？这些都是衡量一例活动课的必要标准。

(二)在教育中是否关注日常生活中的幼儿

在设置课程中是否关注幼儿日常生活需求,这是考察幼儿参与活动积极性的重要因素,例如区角和游戏活动时,有没有考虑幼儿的现有经验和幼儿的心理需求对活动进行合理布局,有没有在实际活动过程中观察幼儿需求对材料做出调整?另外在实际教学中要对全班幼儿进行仔细观察,对个别幼儿的行为要抓住有教育价值的机会进行个别教育和引导,使这些问题幼儿在原有的行为水平上获得进一步提高。

(三)对自己是否进行了反思性评价

优秀的日常教学活动指的是丰富的备课、精彩的传授和活动后认真地反思的有机统一。另外,教师是否对自己进行了反思与总结,对一个教师知识经验的积累和提高有着很大的影响,在反思的过程中教师可以立足于情境之外,批判性地对自己的教学进行反思与重新认知,通过这个过程,教师可以积累经验在下次教学过程中有意识地调控自己的行为,更好地建构一次精彩的教学活动。

第四节 幼儿园教师专业发展的保障

一、幼儿园提供资源

在教师专业发展过程中,如果物质资源匮乏,就会限制教师主动学习的积极性。一方面教师能够主动而且系统地选择身边的材料作为学习的资源。另一方面幼儿园能够有目的、有选择地创设适合教师发展的资源系统,使教师处于一个信息丰富的环境当中。

(一)幼儿园提供研究资源

(1)教学材料(各种版本、各个年代)。

(2)教育理论、幼儿教育理论、心理学理论书籍。

(3)幼儿教育杂志、教学研究辅助书籍。

（4）个人电脑、光盘、网络、多媒体。

（5）电视和录像、电影、液晶投影仪。

（6）校外的图书馆资源。

（二）幼儿园帮助教师学习

1. 定期的读书会

定期举办读书会，教师之间互相推荐专业杂志或者相关图书，教师之间进行互相学习。

2. 信息报

幼儿教育工作是一种专业工作，不断有新的理念、方法产生，幼儿教师需要不断地去更新这种知识，这种知识是谁去寻找和提供呢，就需要幼儿园有专门的人员去收集外界的信息，做分析、筛选然后整理成幼儿园内部的交流信息，教师定期阅读，寻找到各自工作所需要的信息，不断为教师提供新的信息，推动他们思考，经过专门整理、分析的信息，其准确性和系统性远远高于个人搜集到的零散的、孤立的信息。

3. 新理念介绍

以专家讲座和骨干教师为主，介绍最近时间内的幼教理论和改革动向。

二、幼儿园制度条件

制度文化是幼儿园文化的重要组成部分，是维系幼儿园必不可少的保障机制，好的制度，对教师的行为具有导向、规范和陶冶的功能。每个幼儿园在重新考量自己的制度规范的时候，要通过反复思考，把过去有效的措施固定下来成为制度，取消不合理、过时的规范。

理想的、健全的园本教研制度必须具备以下几个基本条件：

（1）体现纲要精神的教研方向。

（2）民主平等的幼儿园文化。

（3）具有专业取向而非完全是科层制的幼儿园管理制度。

（4）具有区域的行政管理制度和教研制度保证。

三、提供专业支持

教师的成长发展绝不是凭借个人力量所能完成的，它需要后面强大的制度支持和专业引导。这种专业支持可以是幼儿园内部的教师群体，可以是同一区域的教师共同体，也可以是在教育行政人员或是教研员带领下的协作小组。它具有下面的功能：（1）帮助解答教师们日常提出的问题和困惑；（2）指导教师教学活动，及时了解教师的需求，帮助教师在研究课中取得好成绩；（3）开展专题培训、讲座以及研究，引领教研向系统化、深入化发展；（4）发挥示范作用，开设示范课、研究课；（5）对学校教研以及教学管理工作提供建议。

在帮助教师的时候要：（1）和教师讨论自身发展计划的适宜性，对他们自身发展理想化或消极化进行反馈和矫正；（2）对他们的计划进一步监控和督促；（3）对成功的知觉和对成功的归因；（4）强调教师在参与过程中的质量，强调他们取得持续进步的程度，而不是与其他的教师比较做得怎么样。

四、园本培训

园本培训是幼儿教师的在职教育。通过园本培训，提高幼儿教师的素质，不仅是社会发展的客观要求，而且也是幼儿教师专业化成长的必然选择。

（一）园本培训概述

由师资培训机构或某一园外教育行政部门所组织的培训，常常不能符合幼儿园的实际，培训与实际工作脱节。另外，由于本幼儿园参与培训的其他教师可能没有选择这些课程，教师个人在幼儿园中也就失去了与他人分享经验的可能性而越发孤立。因此，在20世纪70年代，国外开始出现一种与院校培训模式相互补充的模式。教师受训的地点一般是在学员所任职的幼儿园，目的是从实际出发，通过培训满足教师个人在教育上的需要。它的培训方式一般是由教师制订自己的职业发展计划，园长评估，经历"需要—谈判—协议—前期的培训小结"这样一个过程。比如英国设有专业指导教师，负责园内教师进修。日本的新任教师研修制度也是在园内为新教师确定指导教师。这就是园本培训的初期探索。

园本培训是为了满足幼儿园和幼儿教师的发展目标和需求，由幼儿园发起组织、立足幼儿园实际开发进行的培训。这种以幼儿园为本位的培训可以持续进行，并根据幼儿园不断变化的需要调整培训的内容和方式。它是对传统的教师继续教育的一种补充。

和传统的教师继续教育相比，园本培训具有如下特点：

（1）目标的直接指向性

有效克服了传统教师培训（包括学历教育、脱产进修、在职进修等）的局限性，将培训目标直接指向教师和幼儿园的具体要求，从幼儿园和教师的实际出发，通过培训解决幼儿园和教师的具体实际难题，促进幼儿园自身的发展，提高教师的教育教学和教育科研能力，从而提高教育质量。

（2）组织的自我主体性

多由幼儿园自身组织、规划，不仅培训方案由幼儿园自身研究设计，而且培训力量也多半来自幼儿园内部。当然也离不开园外专家的指导，但他们都是与幼儿园教师结合成"共同体"，协同开展研究、培训。

（3）内容的现实针对性

其内容不再是为解决普遍性问题而选择的，而是从幼儿园和教师的实际出发，有什么问题就培训什么，其培训内容充分体现了差异性、实用性和针对性。

（4）方式的灵活多样性

方式极为灵活，主要有课题研究、教育专业人员做教育教学和教育科研报告；优秀教师与新教师结成师徒；幼儿园或各教研组组织教师互相听课、评课、开教学研讨会、经验交流会等；园际间的交流、互助等。

（5）园本培训更关注教师同伴的合作与发展

教师们共同制订小组工作计划，共同研讨，共同发展。这一方式使作为小组成员的教师能够将自身发展与小组及幼儿园的发展联系起来。园本培训使用档案管理的方式促进教师职业发展。

发展至今，园本培训已经是幼儿园培养教师的重要活动，它必须经过严谨、周密的思考和设计，确定培训的内容，选择园本培训的方式，测评培训的结果，评估培训这样一个流程（图3-4-1）。既然是园本校训，了解幼儿园内部的发展需求，就是培训的第一步。

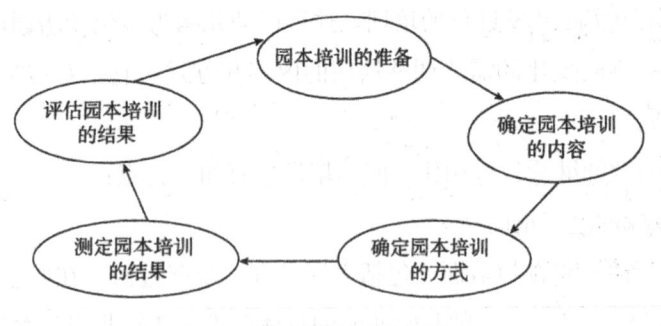

图 3-4-1　园本培训的流程

（二）园本培训的准备

"园本"最大的特点就是具有针对性，教师专业发展的规划更是根据幼儿园的实际情况，就教师面临的实际问题来制订的，所以园本培训首先是对幼儿园的情况进行评估，然后是教师发展的实际需求。在制订计划的时候，把幼儿园的长远发展和幼儿教师自身发展条件结合起来。需求评估主要包括幼儿园情况分析、教师情况分析、任务分析三个方面。

幼儿园情况分析是幼儿园的领导者、规划者针对本园的实际情况，在实际情况的基础上找出存在的问题，提出解决的方法并指出实现发展规划的路径。主要包括幼儿园的现状及发展战略分析、幼儿园可投入的培训资源分析，这些都是立足本园的物质条件和人才资源基础之上的。幼儿园的类型、规模、位置、办园思想、办园条件以及未来发展规划都是考虑的内容。

教师情况分析包括教师自然情况、教师素质、影响教师个人工作业绩水平的因素分析。

教师自然情况是指教师毕业院校、年龄、工作时间、教师专业发展所处阶段等问题。

教师素质是指教师的知识容度、专业能力。这里的知识容度包括各科知识和教育法规的知识。专业能力是指了解幼儿，以及有效地与幼儿互动的能力，具体表现在制订教学活动目标、设计教学活动、有效提问与应答，以及如何搜集、分析、整合和运用信息等方面的能力。

影响教师个人工作业绩的因素，既包括教师的个人心理主观方面，也包括幼儿园管理的制度、文化方面。

在园本培训评估过程中，对教师教育教学任务分析也是重要的方面。幼儿园在每个发展阶段可能有大的变化，这个变化或许来自幼儿园外部，比如，课改倡导的新理念、提出的新要求，上级行政部门的政策变化、新举措等；也可能来自幼儿园内部，比如，人员的调整、幼儿园自身发展的需求等，同时对于这样的背景下教师所面临的教育教学活动任务也发生了变化，对于这样变化的分析也是重要的方面。因此，在制订规划时，必须认真及时关注幼儿园在现阶段发展中所处的变化和任务，把它置于全局来统整思考。

本园的要害是现阶段发展中的新问题：园里的领导班子调整，人员的变化带来诸多不确定因素，班子成员对新的岗位需要有没有为完成这些任务必须具备的知识、技能、能力等相关条件，在分析这些因素的基础上，明确完成这些任务，幼儿园提供什么样的环境和条件（某个园长在分析自身园所之后）。

在弄清楚幼儿园教师的原有知识、原有态度、原有技能的基础上，幼儿园能够提供哪些发展的意见，使教师的原有知识、技能、态度和幼儿园希望达到的要求联系起来。

在园本教研活动规划中，要特别强调尊重教师，以教师为本的指导思想。但是在现实生活中，这些教师大都是80后，生长的个体以生活为本位和自我中心追求为导向，又生活在层级制比较严格的幼儿园当中，独立地选择发展取向的能力不强，有的教师在无引导的情况下不会自主地发展。所以幼儿园应根据教师主体性强弱来决定幼儿园教师的发展内容，根据教师的成长状态，分析其发展的可能，通过设计各式各样的活动来引导教师形成进一步发展的需要。

园本培训需求评估的方法首先应该考虑的是教师的需求。有很多了解教师需求的方法，常见的方法有问卷法、行为观察法、访谈法等。从多个角度来了解教师，制订的教师发展计划才会更周全，更能满足教师的需求。有正式需求和非正式需求两种评估。

（1）正式需求评估

问卷调查是通过发放问卷的形式，有目的、有系统地去搜集教师专业发展所需要培训的内容，借以发现在教育教学中存在问题的研究方法。问卷的问题设计合理，教师如实回答，是问卷有效的保证。

访谈也是园本培训收集信息的方法。这种方法有利于发现教师培训需求的具体问题、问题的原因以及问题解决的办法。如果教师回答简短或是不完整时，访谈者可以进行追问，使教师能够提供更多的细节。访谈也是收集学习者学习偏差、误解以及未曾预料到学习结果的极佳方式。访谈常见有多人当面座谈，两人对话，电话、网络交流等形式，访谈过程中要做好详细记录。

（2）非正式需求评估

在办园决策、教师实践以及任务安排等问题上，为了更快、更准确地获取信息，可以采用问卷或是访谈的形式。但是有些需求对教师来说，在他的能力和视角注意不到的，或是在公开场合不愿表达的情况下，园长或管理者可以通过观察教师的日常教学活动或幼儿一日活动来了解。教师组织活动中存在的问题，需要提高哪些能力，就需要管理者的观察与分析。还有通过教师的成长档案、教学笔记、教师的电子日记，教师参与教研活动的表现，教师填写的反馈表，以及与教师的交谈，观察教师日常生活的全面展现，也是制订园本教研的重要依据。

教学活动观察是一种在教育教学活动现场直接观察教师并记录有关项目、时间、师幼互动等材料的方法。在对教师的活动观察中，要有效地发现教师教育教学活动的某些具体问题，比如说，教师的教育教学理念，教师的课程意识，教师的基本功以及师幼互动技巧等方面的问题。

（三）园本培训计划

园本培训计划要涵盖园本培训的各个方面和各个环节。如教师—教研组—幼儿园各个层面；教学问题—教学设计—教学行动—教学反思的各个环节；研究教育思想、课程设置、教学内容、教学组织形式、教学认识手段、课程评价、开发教育资源、探索教育规律等园本教研的各个方面。

（1）设置培训目标

目标的设定由幼儿园需要和个人需要相结合共同决定。

（2）编制培训方案

制订培训方案，首先阐明培训目的，其次是说明培训内容、顺序及培训对象、培训形式、时间安排等。园本培训的内容既可以从教师专业发展阶段的角度设计，也可以是以目前需要解决的问题设计，又可以是两者兼顾，从教师的长远发展，又以解决当前存在的问题着眼。园本培训的内容大致包括3个方面：理论层面（比如说最新的幼教理论），技术和策略层面，反思技术，如何设计教学等；情感价值观层面，包括幼儿园文化和情绪管理等。

在编制课程内容之前，培训者应广泛收集与培训有关的信息资料，咨询专家和学者的意见，要吸取以前培训的经验和教训，培训方式尽可能呈现多样化。

（四）园本培训的实施

园本培训的项目启动后，园内的培训组织就要进行明确的分工，参与培训的全过程，收集反馈信息，及时进行评估，对已发生的偏差做出修正，对可能出现的问题要进行预测，这些评估指向培训预期目标是否达成，课程内容是否完成，安排的活动是否落实，是否完成既定计划。

第四章　幼儿园教师的职业素养

本章内容为幼儿园教师的职业素养，主要从五个方面进行了介绍，分别为幼儿园教师的文化素养、幼儿园教师的专业素养、幼儿园教师的教学素养、幼儿园教师的其他素养、幼儿园教师综合素养的提升。

第一节　幼儿园教师的文化素养

一、幼儿教师文化

（一）幼儿教师文化的内涵与价值取向

20世纪80年代以来，教师文化的建设及其对教师专业发展的价值一直受到日本和欧美等国的重视。在我国深入推进基础教育课程改革，全面实施素质教育的今天，幼儿教师文化的建设和发展也受到了我国教育研究者的关注。

幼儿教师文化是一种群体文化，是教育与文化关系的社会同构体。它不仅体现着幼儿教师这一特殊群体的价值观念、精神风貌和思想规范，而且蕴含着一个幼儿园的办园理念、管理思想，它是幼儿教师群体在共同的幼儿园环境中，在教学教养实践过程中创造出来的物质成果和精神成果的总和与表现，是科学精神的时代表现和具体凝聚。幼儿教师文化是幼儿园文化系统中的一个重要组成部分，也是幼儿园文化功能的实施者。它是教师在幼儿园的教学教养活动中形成与发展起来的，与其他职业群体所不同的思维方式、价值取向、态度倾向、行为方式、知识技能以及语言符号等的总和。幼儿教师文化隐形于教师的内心之中，它既是社会文化的分支，又受制于社会文化，既是幼儿园教学教养文化的主体之一，同时又潜移默化地影响着幼儿园文化的形成和幼儿的发展。

幼儿教师文化通常具有内隐性、潜移性、可塑性和稳定性四种基本特征，它可分为表层教师文化（也称显性文化或物质文化）、中层教师文化（也称制度文化）和深层教师文化（即精神文化）三个层次，其中深层教师文化是幼儿教师文化的核心和灵魂。

知识经济时代是知识不断创新的时代，培养具有创新精神和实践能力的"四有"新人，成为教育的重点。教育功能的深刻历史变革，引发了幼儿教育领域的变革。幼儿教育改革要求各类幼儿园都应从实际出发，因地制宜地实施素质教育，这就要求幼儿园必须重建幼儿园文化，包括重建幼儿园的物质文化、制度文化、行为文化和精神文化。而教师是幼儿园文化重建的主体之一，因此，必须重建幼儿教师文化。

总之，幼儿园文化和幼儿教师文化的重建，就是以当代教育理论成果和各园实际情况为依据，科学地建构以幼儿为本的文化状态，使之为培养全面发展的一代新人服务。

（二）幼儿教师文化与其专业成长的内部逻辑一致性

幼儿教师专业发展的过程是其职业理想、职业道德、职业情感和社会责任感不断成熟的过程，而幼儿教师对自我的专业发展持何种价值取向，对自我的认同达到何种程度等因素，直接影响着教师专业发展的需要、意识、情感和动机。因此，形成、发展、构建幼儿教师文化与教师专业发展是一致的。以价值观为核心的幼儿教师文化对其专业发展起着不可忽视的作用。

1. 共同的教育信念是幼儿教师专业发展的思想基础

一般地，幼儿教育信念包括幼儿教育观、儿童观和幼儿教育活动观。共同的教育信念是教师文化的核心，科学的幼儿教育信念不仅影响着教师的教育教学行为，而且对幼儿教师自身的成长以及专业发展有重大作用。教育理念属于教师文化中的深层次文化，它在教师专业结构中位于较高层次，统摄着教师专业结构的其他方面，因而幼儿教师教育信念系统的改变是一种较深层次的教师专业发展。

2. 自我专业发展需要和意识是幼儿教师专业发展的内在主观动力

自我专业发展需要和意识包括对自己过去专业发展过程的意识、对自己现在专业发展状态、水平所处阶段的意识以及对自己未来专业发展的规划意识。良好的教师文化为培育幼儿教师自我发展的需要和意识奠定了基础，它可增强教师对自己专业发展的责任感。只有形成了独立的自我意识和自我控制能力，幼儿教师的专业发展才能成为自觉行为，使自己的专业发展保持自我更新取向，并逐渐形成自我专业发展能力。

3. 教育专业精神是幼儿教师专业发展的重要维度

教师文化的一个成熟表现就是教师具有专业精神，专业精神是幼儿教师基于自我期许而表现出来的信念、热情和工作积极性。其中，教师的专业态度和动机是影响幼儿教师专业发展的两个核心要素，它们是教师专业活动和行为的动力系统，直接关系到教师的职业理想，对教师专业的热爱程度、工作积极性能否维持和某种程度的专业动机能否继续等方面的问题。

二、幼儿教师传统文化素养的提升

（一）提升的意义

文化是由人创造的，但文化又反过来塑造人、熏陶人。一个人小到衣食起居，大到对整个世界的认知无一不受文化的制约和影响，在某种程度上可以说人与文化相互依赖、相互生存、不可分割。作为社会中的成员，每个人都有责任也有义务传承中华优秀传统文化，带着一颗谦卑、敬畏的心将中华优秀传统文化发扬光大，幼儿园教师更应如此。在增强中华民族文化自信的背景下，提升幼儿园教师中华优秀传统文化素养不仅能提高教师的思想道德情操，还能丰富教师的专业知识、拓宽教师的视野等。

1. 提高幼儿园教师的思想道德情操

蕴藏着民族精神的中华优秀传统文化不仅有助于教师"传递正能量"，而且也是社会思想文化的整合力量和中国发展的动力。爱国主义是中国的传统美德，是在中华民族一步步的历史进程中萌芽和发展起来的，只有对祖国悠久的历史文化有深刻的了解，才能对中华优秀传统文化产生崇敬之情，进而有助于延续中华优秀传统文化基因，增强民族自豪感和使命感。同时，爱国主义教育要坚持"从娃娃抓起"。中华优秀传统文化涉及多方面的内容，与个人品德、思想境界、职业道德等都息息相关，而这些各个方面的内容都是统一的整体，相互影响、相互制约。提升幼儿园教师中华优秀传统文化素养是幼儿园教师向幼儿进行爱国主义教育的前提，也是提高幼儿园教师道德情操的重要途径。

2. 丰富幼儿园教师的专业知识

中华优秀传统文化内涵丰富，包含在幼儿园生活的各个领域中。提升幼儿园教师中华优秀传统文化素养的过程也是教师专业知识学习的过程。幼儿园不仅为幼儿的发展提供平台，同时也肩负着传递优秀文化的使命，一个脱离民族文化的学校不仅很难培养出社会发展所需要的人才，而且也很难造就具有高文化素养的教师。

3. 拓宽幼儿园教师的视野

古代经典的文化书籍作品之所以能够名垂千古、经久不衰，关键就在于它们传递了深邃的思想内涵。因此，多阅读我国的优秀传统文化类相关著作，细品其韵味，感受其奥妙，可以增长见识，改变思想和处事方式，从而提高人生境界。教师这个行业在人类的发展和文化的继承中起着至关重要的作用，在促进幼儿的发展中有特殊的地位。中华优秀传统文化经典的掌握能够拓宽教师的视野，加强教师的仁爱之心，从而改变解决问题的思维方式，提高人生境界。

（二）提升路径

加强幼儿园教师的中华优秀传统文化教育，引领广大教师自觉践行中华优良传统美德是一项艰巨而重大的任务，需要幼儿园、社会、教师自身等多方面协同努力，相互配合。提升幼儿园教师的中华优秀传统文化素养有助于中华优秀文化发扬光大，有利于精神文明建设，同时也有利于社会的稳定和发展。

1. 加强幼儿园教师中华优秀传统文化培训

就目前的情况来看，幼儿园组织与中华优秀传统文化有关的讲座或培训少之又少，这也是目前部分幼儿园教师中华优秀传统文化素养不高的原因之一。要想提高幼儿园教师的中华优秀传统文化素养及整个幼儿园的综合水平，幼儿园非常有必要定期召开有关中华优秀传统文化的讲座，中华优秀传统文化内容涉及面广，需要在实践中不断积累，在学习中不断探索。要想丰富教师的中华优秀传统文化知识，当务之急是要加强教师中华优秀传统文化培训，幼儿园应定期开展相关讲座，向幼儿园教师传授中华优秀传统文化方面的知识，扩大教师的认知范围，提升教师的中华优秀传统文化素养。

2.增强幼儿园教师自觉学习中华优秀传统文化的意识

人民教师承担着教书育人、提高民族素质的伟大使命，因此更要注重自身文化的学习，活到老学到老，不断丰富自身的知识世界。"教师角色具有自主性"，教师应努力学习中华优秀传统文化知识，广泛阅读经典，提高自身人文素养。不仅要在认知过程中提升对中华优秀传统文化的认识，而且要将这些认识运用在实践中，做到知行相结合。理论的知识往往比较好掌握，而真正运用到行动中就有一定难度。掌握每一个幼儿的发展特点和能力水平是幼儿园教师的职责所在。教师不能仅注重传统文化理论知识的学习，同时也要注重实践，让中华优秀传统文化在实践中得以继承和发扬。除此之外，教师"在思想上反省、在行动上走出个人的'舒适地带'"，通过不断学习来提升自身的中华优秀传统文化素养。

第二节 幼儿园教师的专业素养

幼儿教师是一个专业性很强的职业，需要具备一定的专业素养。幼儿教师专业素养指在学前教育阶段的教师从事幼儿园教育教学工作必须具备的特质，包括专业精神、专业知识、专业能力和专业实践等方面。

一、幼儿教师专业素养要素及其作用

（一）幼儿教师专业精神的决定性作用

幼儿教师专业精神指的是幼儿教师在职业岗位上表现出的诚恳积极的情感素养。一般包括理想追求、教育理念、职业道德、职业修养、言行举止等。它是幼儿教师专业发展的核心，其内涵包括专业理解与认同、专业美德以及专业使命感。幼儿教师的专业精神是教育工作的根本，也是教师的使命感和灵魂所在，它决定了幼儿教师对自身职业的态度和工作的投入状态。

（二）深厚的专业知识是从事幼儿教师职业的前提条件

幼儿教师专业知识是幼儿教师在职业工作中需要掌握的相当广博的知识，是做好幼儿园工作的前提。幼儿教师应该具备的专业知识结构包含基础性知识和通识性知识。基础性知识主要指国家教育法规、教育教学知识、幼教学科知识。通识性知识主要指现代教育信息技术、优秀传统文化、自然科学知识、社会科学基本知识、食育、美学知识等。

（三）娴熟的专业技能是从事幼儿教师职业的基础

幼儿教师专业技能是指幼儿教师在职业岗位上需要娴熟运用的各项基本能力和发展创造的素养。学前教育是一个综合性和实用性很强的专业。每一个幼儿教师需具备的专业技能是多方面的，包括语言表达能力、组织能力、创新创造能力、反思与发展能力、突发事件的应急处理能力。它是做好幼儿教育的基础。

（1）语言表达能力，包括表达与倾听、与幼儿和家长的沟通能力。

（2）组织能力，包括教学与游戏组织能力、幼儿园及班级活动的组织。

（3）创新创造能力，包括班级环境创设、课程设计的生成、各类活动设计的创新。

（4）反思与发展能力，包括教育问题诊断与发现的能力、研究与实践能力。

（5）突发事件的应急处理能力，包括掌握运用各类急救知识，了解危机事件的处理能力。

（四）专业实践是幼儿教师练就专业素养的重要渠道

幼儿教师专业实践是指幼儿教师为了习得广博的知识素养、诚恳积极的情感素养、发展创造的能力素养等专业素质的目的，在幼儿园教育教学中进行的长期的相关学习、训练与实践，从而实现相关素质不断提升、内化的过程。专业实践对幼儿教师专业素养的最终形成非常重要。幼儿教师的专业素养只有通过专业实践才能不断提升、内化、练就，其最终体现在幼儿园的教学组织、活动设置、管理过程等方面。正视幼儿教师专业素养成长过程中的问题，了解其知识结构，明确方向及内容，学会相关技能，并通过专业实践最终检验成果，是研究专业素养培养路径的价值所在。

二、幼儿教师提升自身专业素养的有效路径

（一）加强专业精神的学习、培育、练就

幼儿教师是具有履行幼儿园教育工作职责的专业人员，需要经过严格的培养

与培训，需要具有良好的职业道德，掌握系统的专业知识和专业技能。优秀的幼儿教师是有爱心、有思想、善于思考、勇于实践、敢于创新的智能型教师，这是新时代对幼儿教师的要求。

这需要幼儿教师具有不断自我提高的意识，秉承着终身学习的思想，学习和接受新的教育理念，唤起自身学习的积极性和创造性，通过自我激励、学习身边的榜样、同行间交流，不断改进和提高自身专业信仰，真正成为赋予幼儿生命与活力、值得信任与托付、拥有专业道德与情操、追求自我成长与实现的专业工作者，形成自己专业精神的高度。

（二）加强专业知识的学习、提升、运用

幼儿教师的学习意识和意愿会影响其专业发展水平，所以幼儿教师应树立正确的学习观念，加强专业知识的学习，努力成长为具有学习自主性的专业教师。

幼儿教师应加强专业知识的学习，主要包括以下几类知识：

（1）基础性知识，主要指国家教育法律法规（《中华人民共和国教师法》《未成年人保护法》《中华人民共和国教育法》《幼儿园管理条例》《幼儿园工作规程》《幼儿园教育指导纲要（试行）》《3—6岁儿童学习与发展指南》以及相关的法律知识）、教育教学知识（幼儿卫生保健保育知识、生理学、教育学、教学法、心理学、特殊知识、课程知识、管理学知识）等。

（2）通识性知识，主要指现代教育信息技术、优秀传统文化、自然科学知识、社会科学基本知识、食育、美学知识。

多读各类书籍，多拓展自己的知识面，更新知识结构，对幼儿教师素养提升来说是非常有益的。在进入工作岗位后，幼儿教师的专业知识学习非常重要，它对能力的提升作用更加凸显。岗前的学习主要是显性形态的知识，岗后的学习重在新知识及其在实践中的应用，是动态的知识。岗后的专业知识学习更多的是以通识性知识为主，它是在学习实践过程中不断增强和提高的。

（三）重视专业技能的学习、培训、提升

幼儿教师是一个应用性、专业性很强的工作。幼儿教师的成长是从经验化、职业化到专业化，有着鲜明、独特的职业特征和成长规律。幼儿教师要胜任自己的工作，不仅要具有诚恳积极的专业精神、涉猎广博的专业知识，更应具有专业的教育技能。

幼儿教师的专业技能，主要包括：

语言表达能力：表达与倾听，与幼儿和家长的沟通能力。组织能力：教学与游戏组织能力，幼儿园及班级活动的组织。创新创造能力：包括课程设计的生成、班级环境创设、各类活动设计的创新。反思与发展能力：教育问题诊断与发现的能力，教育研究与实践能力。突发事件的应急处理能力：掌握运用各类急救知识，提高危机事件的处理能力。

教师语言表达能力的强弱，对幼儿教育有着直接的影响，可从以下几个方面入手：一是充分认识语言表达能力在幼儿教育中的积极作用，加强这一基本功的训练；二是了解语言表达能力的主要内容，做好教师与幼儿、教师与家长、教师之间的相互沟通；三是掌握语言表达的技能，促进幼儿社交、情绪、生理及智力的发展。

幼儿园教师作为班级常规管理的决策者和执行者，承担着组织管理和教育幼儿的重任，幼儿教师自身素养、组织管理水平、专业能力等方面对班级常规管理具有重要意义。

教师的创新能力影响着幼儿创新能力的形成与发展，它可以创造性地开展教学活动，搭建多变的教学支架，创设灵活多变的教育现场，让教育活动更富有意义，更加趣味化，促进幼儿多元化发展。

教学反思是幼儿教师有效提升教育活动质量，促进幼儿全面发展和自身专业成长的重要途径。作为新时代的幼儿教师，应在不断地自我反思中提高业务能力，以适应教育形势发展的需要，其主体意识的强化与专业水平的提高不应局限于教学技术层面，更重要的是提高主动学习与反思的能力，多读书，多交流，多反思，不断完善自己，将理论知识与实践经验结合，形成有针对性的解决问题的策略，练就工作智慧，做反思型教师。

做好危机事件的应急预案与演练，通过学习与实践提升教师沉稳、果断、机智的心理素质，了解危机事件的处理程序和方法，以便预防和应对危机事件的突然出现。

通过幼儿教师专业能力的提升，在教育教学活动中真正成为幼儿学习的支持者、引导者、合作者，尊重每个幼儿的个体差异，创设一个让幼儿感到安全、舒适的环境。

第三节 幼儿园教师的教学素养

一、体育教学素养

（一）幼儿教师应具备的基本体育素养

1. 体育素养的定义

根据幼儿教师的职业特点和要求，将幼儿教师体育素养定义为：教师在体育教学活动中对幼儿进行指导、引导、支持幼儿身心全面发展的素质能力，主要由体育知识、体育运动能力、体育教学能力、体育行为、体育意识五部分构成。

2. 体育素养内容

（1）体育知识

拥有知识是能力提升的基础条件，知识对于幼儿教师的专业成长和素养提升具有不可替代的作用。加强幼儿教师体育知识储备是形成科学儿童体育观，保证有效教学，教师专业化发展的主要着力点。目前来看，体育知识包括专项体育理论知识、体育卫生保健知识、体育教学理论知识三个方面。

（2）体育运动能力

运动能力是指人类身体在体育运动中表现出来的基本活动能力，主要包括走、跑、跳、投等基本活动能力和为完成某项技术所需要的竞技运动能力。根据当前幼儿教师的职业特点，可以认为身体形态、运动技能和身体素质是幼儿教师应该具备的体育运动能力。具体来讲，可以将其分为基本运动能力、身体素质、专项运动技能三个部分。

（3）体育教学能力

体育教学能力是指把一定的教学理论知识和规则运用到教学过程中，最终达到预定教学目标的能力。教师在达到基本的知识和智力水平后，专业教学能力是教师必备的特殊能力，是幼儿教师完成体育教学任务的基本条件。根据幼儿教师的职业特征，我们认为，必须具备组织讲解、示范、纠错、教学设计和组织管理的能力。

（4）体育行为

行为是个体将意识呈现的活动。行为既是个体对外界刺激的反应，也是个体通过特定的动作实现预期目标的过程。体育行为是个体从事体育意识的各种活动，而幼儿教师的体育行为主要是参加体育锻炼、体育教学活动的直接反映，主要包括体育锻炼、体育欣赏、体育消费等方面。

（5）体育意识

体育意识是指人类在一定的环境条件下，对所从事的体育内容、形式、方法、手段以及体育内外各种关系等方面的精神活动总和，包括体育认知、体育态度、体育价值观。体育意识是促使个体参加体育行为的动力机制，凡是体育意识强的个体，其参加体育活动的时间自然就会长。

（二）幼儿教师良好的体育教学素养的意义

1. 在实践中的现实意义

首先，从教学实践性角度，幼儿教师良好的体育教学素养，是其胜任现代幼儿教育的前提条件，是其在教学实践活动中开展丰富多彩的体育教学活动的基础性能力，通过教学相长实现教学理论和教学经验的双重增长，实现对幼儿的启蒙性教育，帮助幼儿快速习得知识，促进其健康成长。其次，从幼儿教育学角度，体育教学活动不仅可促进幼儿的身体健康，还可以促进其智力的协调性增长，同时对塑造和谐型幼儿人格有利。

2. 在实践中的理论意义

首先，幼师教育实践需要和社会发展相结合，才能体现学科的生命力和价值。通过对体育素养重要性的认知，对内涵和结构进行深入探讨，使幼师能够逐步认识素养养成的重要性；通过大量案例和实例的归纳总结，借此形成幼师体育素养养成的考核指标体系，经相关专家评估和论证，形成对完善幼师体育素养养成的指标化考核体系。其次，幼师是幼儿体育课程教学的组织者和引导者，必须有扎实的体育基础、体育意识和体育能力等素养，为带领幼儿积极参加体育活动，使幼儿形成终身体育、快乐体育意识。随着幼儿素质教育和素质教育课程改革的来临，幼师素质教育课程规划的能力和各方面综合素养的养成能力成为现实问题，尤其是如何构筑幼师体育素养养成成为课题研究中的核心。该课题的研究核心将成为幼师体育教学素养提高的重要理论依据。以此为我国幼儿教育培养一支具备高素养的幼儿体育教育队伍提供理论支撑。

（三）幼儿教师体育教学素养的养成策略

意识决定行动。幼儿教师良好体育教学素养的养成，要通过不断教学实践来充实和发展。不管是从认识到幼儿体育教学，还是从教学实践中要充分做到素质体育教学课程的合理配备，都需要幼儿教师意识到自我素养养成的重要性并做到时刻勤奋。

1. 创新幼儿教师培养方式

教育行政主管部门要充分调研当前幼师培养院校中对幼儿体育教学课程设置的缺失性问题，以规避未来的幼师在幼儿体育教学理论知识上的普遍性缺乏问题，规避日后在教学实践活动中不能胜任的问题。幼师培养院校要创新性地设置公共体育健康课程，重视体育理论相关学科设置；在原有课程基础上，增设幼儿体育理论、体育卫生保健学、运动生理学等。重视对幼师有关体育训练技能的培训，同时注重对其他体育运动项目及相关突发幼儿体育事件处理知识的培训。在教学中应通过实践教学法，让幼师树立正确的体育教学价值观，通过统一标准的体育价值观来促进幼师体育意识的自我养成，为素质幼儿教学活动提供思维空间。

2. 创新幼儿教师再教育培训

幼师再教育是实现素质幼儿教育目标的客观途径，是促进幼师从教师岗位走向专家岗位的有力手段，也是幼师成长的必经之路。当前幼师的体育教学基础薄弱，是导致幼儿体育活动开展质量不高的主要原因。因此，必须开展一系列幼师职后体育教学培训活动。主要途径包括：（1）幼师培养院校开设幼师体育教学培训班。内容上主要以体育学相关知识为主，核心部分在于如何用体育学知识实践好幼儿体育教学活动。培训的方式以网络在线教学为主，通过自媒体平台，加强教学实践活动和再教育培训课堂相结合的方式，实现教学相长。培训的结业形式应形成标准化的考核体系，以结业证书的形式进行。（2）教育行政主管部门利用寒暑假的时间，组织幼师到幼儿教育发达地区参观学习，通过采取高效率和高精准的交流学习目标，让幼师充分认识到自身幼儿体育教学实践中的不足，做到迅速学习归位。考察学习合格的标准，应严格采取调研报告的形式。

二、音乐教学素养

（一）幼儿教师应具备的音乐素养

1. 音乐素养的定义

幼儿教师是幼儿音乐学习的启蒙者、引导者，其是否具备良好的音乐素养，不仅影响着学前儿童音乐教育质量的高低，而且直接决定着幼儿音乐教育活动能否顺利开展。幼儿音乐作为幼儿艺术的重要组成部分，是学前教育诸学科中最特殊、最需要教师具备相应素质的学科。幼儿成长发展的特点以及学前音乐教育在教育对象、教育理念、教育方法、教育内容上的特殊性，决定了从事幼儿音乐教育的幼儿教师的音乐素养要求，与中小学音乐教师之间存在巨大差异。

音乐素养是指音乐方面的素质和修养，主要包括音乐知识理论方面的素养、音乐欣赏方面的素养、音乐表演方面的素养和音乐教育方面的教育技能素养。音乐素养具有一定的专业性，针对不同的领域有不同的要求，不同职业人员的音乐素养会因各自工作需要的不同而表现出不同的形式。与一般教师职业不同，幼儿教师不是某一学科的教师，他们担负着幼儿全面教育工作，教育内容涉及科学、社会、语言、艺术、健康等各个领域。从事幼儿园音乐教育的教师可以说不是专门的音乐教师但又不得不教音乐的教师，这和与音乐学科教育相对应的专职专门的中小学音乐教师大为不同。

2. 幼儿教师音乐素养的内容

（1）基础知识

幼儿教师应具备基础的音乐知识，能够根据随堂内容和生活情景做歌曲改编，便于幼儿理解音律，且幼儿教师应不断学习，从孩童时期的基础音乐逐步过渡到代表中华民族的音乐。当然，最重要的技能就是将音乐融入生活，能够融会贯通，根据不同的地域文化和学校文化改编不同的音乐，以便于幼儿学习。

（2）舞蹈结合

将音乐与肢体动作结合更能促使幼儿对音律的理解。相比单纯的音律，幼儿更能接受肢体语言教育，两者相结合，可以使幼儿从听觉、视觉等各个方面感知音律的美好和欢快。这就要求幼儿教师具备一定的舞蹈基础及良好的肢体协调能力，通过肢体语言引导幼儿对音率和节奏的把握。幼儿教师基本也应具备编舞的能力，能够根据不同的音乐节奏改编出不同的肢体语言，促使幼儿对各类幼儿音乐加深理解。

（3）创造性教学

幼儿教师对幼儿的音乐教导应不只局限于课本提供的音乐，而应该根据生活和幼儿学习改编出便于幼儿学习和理解的事物的音乐，这就需要幼儿教师具备创造力，从细微处发现适合幼儿养成正确"三观"和健康身心的音乐及肢体律动。

（4）艺术素养的提升

幼儿教师应适当提升自身的艺术素养，而不是仅停留在音乐素养的培养上，艺术都是相通的，幼儿教师使用音乐引导和教育幼儿的同时，应注意观察和挖掘幼儿的艺术天赋，促进幼儿的全面发展。

（二）幼儿音乐教学应注意的问题

要不断地重复教学，重复策略也成为心理暗示。幼儿的心神还处于发育期，很难集中注意力一蹴而就，这就需要幼儿教师不断地重复音乐行为，加深幼儿对音律的把握。幼儿教师应将音乐融入生活。音乐本身来源于生活，但鉴于幼儿对事物认知还处于萌芽阶段，应该将音乐融入生活，以提高幼儿对音乐的理解。比如，与幼儿生活息息相关的吃饭歌、穿衣歌、排队歌等。幼儿教师可以将生活处处的感悟改编成音乐，这种教育手法不仅能培养幼儿热爱音乐的初衷，更能提高幼儿的自理能力。兴趣是最好的老师，幼儿只有将音乐学习当成兴趣爱好，才能更加深入地理解音乐所表达的真善美，才能激发幼儿的创造力和想象力，以此更好地达成音乐教育的目的。鼓励幼儿自主创作，幼儿教师可以引导幼儿对所见所闻自行改编成音乐，不要求音乐多么完美无瑕，只需要幼儿能够对探索生活、探索未知的向往记录在所创作的音乐中即可。幼儿能在音乐创作中充分体会音乐的魔力，从而能够很大程度提升幼儿对外界事物的认知和理解。幼儿教师应随时保持平和的心态，耐心地和幼儿沟通，沟通能力是教师的基本功，良好的沟通才能真正使音乐教育引导幼儿成长。

（三）幼儿教师音乐教学素养的提升策略

1. 加强幼儿教师职前教育

高等师范院校的学前教育专业应与幼儿园紧密联系，依据幼儿园教师的工作内容需要调整在校学生的学习课程，使幼儿教师在职前的理论所学中更多地了解幼儿音乐学习的特点。首先，课程中增加有关3—6岁幼儿音乐能力发展状况的学习内容，使即将入职的教师能提前了解不同年龄段幼儿歌曲演唱的特点、适合完成什么样的基本体态动作、节奏能力发展特征，掌握幼儿音乐能力的发展情况等；其次，增加幼儿园音乐教育及相关教学方法的学习，使其了解当下幼儿园音乐教育的主要目标、音乐活动基本类型与内容、音乐活动中适合运用的教法和学法等，使教师在入职前了解最新的幼儿音乐教育理念，明确幼儿音乐教育的目的等；再次，在专业技能的课程方面，如乐理知识、视唱练耳、声乐、钢琴、舞蹈等，学校能为学生提供适合的练习场地、设备及专业教师，确保学生在校期间能够有充分的条件学习和练习，使其在入职前尽量达到幼儿园音乐教育所需要的能力和水平。

2. 巧借园本培训

园本培训是加速幼儿教师专业成长的有效手段，越来越多的幼儿园都在不断探索自己的园本培训模式，希望以此加快幼儿教师成长的步伐。幼儿教师入职后，幼儿园也多会对其进行多方面的园本培训，从学前教育政策到教育理念、教学方法的培训。培训方式以集体培训为主，虽然有针对新入职教师的专职培训，但这种面向全体、全面铺开的培训有其弊端，缺乏针对性，教师音乐教学素养的提高较慢。因此，幼儿园的园本培训也要"因学科而异""因需要而培训"，通过小组学习、结对子的方式形成有效的学习共同体，将幼儿教师的发展落到实处。

（1）突出学科特点，设置培训内容。

幼儿园专门开展音乐教育活动内容的培训，介绍各年龄阶段幼儿适合演唱的歌曲、舞蹈，掌握幼儿节奏发展特点，使幼儿教师能更好地了解幼儿园阶段儿童的音乐发展水平及培养目标，从而更准确地选择音乐教材、设定合理目标。

（2）利用技能考核，激励教师提升。

幼儿园都会有各种类型的量化考核，包括技能技巧、教育教学的考核。对幼儿教师而言，可以就音乐领域的专业特点，定期考核歌唱、即兴演唱（弹唱）、钢琴、舞蹈等音乐技能，激励幼儿教师不断加强自身的音乐技能练习。

（3）特色骨干带动，促进教学进步。

充分利用园本培训的形式，借助园内骨干教师的力量促进幼儿教师音乐素养水平的提升。"结对子"使得经验丰富的骨干教师一对一地帮助幼儿教师成长。针对音乐活动的研课、磨课，发现教学中的问题，从而完善教学设计、音乐教学流程。幼儿教师在不断学习、不断实践和不断反思的过程中渐渐达到自主学习的状态，为今后更大的进步奠定基础。

（4）开展学科科研，加强理论培养。

对幼儿教师来说，通过不断的学习探索可以提高自己组织教育教学活动的能力。然而，进行科研活动会使老师犯难，经验、理论的不足是其发展最大的阻碍。所以，幼儿教师的反思工作必须要做，那么到底如何完成呢？幼儿园可以针对幼儿教师的实际能力，组织其开展园本研修或者专题研究，从音乐教育活动的具体问题入手，针对比较小的内容开展研究工作，鼓励幼儿教师边学习边研究。以理论引领提高自身的研究水平，指导自己在音乐教育中能更科学合理地开展活动。

3. 丰富环境创设

为了幼儿教师能更好地开展教育教学，幼儿园的硬件准备方面也应配合，从而满足音乐活动开展的需求。第一，幼儿园各班级都要有钢琴，以备音乐活动之需，便于教师能随时弹奏配合幼儿学习。条件不允许的幼儿园可以用电子琴来代替，但摆放位置应固定且确保电源不会危及幼儿安全；第二，幼儿园应为各班级配备一定数量的打击乐器，种类和数量尽量丰富，满足大班音乐教学的需求；第三，班级教师应依据幼儿需要创设音乐角，提供一个既能让幼儿自发进行音乐表现活动的场所，也是教师观察、了解幼儿音乐发展水平的重要平台；第四，条件好的幼儿园可专设音舞教室，满足教师和幼儿进行小型表演的需要，丰富幼儿的生活，创造教师与幼儿表现美、创造美的契机。

第四节 幼儿园教师的其他素养

一、反思能力素养

（一）反思的定义

反思是指教育教学主体审慎地分析、思考、反省、探索和解决教育教学实践中遇到的困惑或麻烦，不断提升教学实践的合理性，使自己成为研究型教师的过程。

反思是一种有益的思维活动，是教师专业发展和自我成长的核心因素。它一方面是对自己在教育教学中的正确行为予以肯定，不断地积累经验；另一方面是找出自己在教育教学过程中失误或缺漏的地方，进行自我批评并且予以改正，不断地完善自己的教育教学行为，使自己以后的教育教学行为更加完美。而教师的成长离不开这种自觉的、深刻的反思，特别是对自己的教学行为与教学实践进行的反省与审视。通过反思，有效促进教师业务能力的提高。

（二）反思的意义

1. 促进思考向纵深发展的意义

一般的思考，往往因时间、大脑遗忘规律等方面的因素，导致思考停留在一般或者还没思考出具体的结果就产生了搁置现象。写反思首先需要教师对在教育教学中引发了注意的现象进行认真的回忆，通过具体、细致、形象的描述，形成对教学事件或个案的进一步细致的、比较全面的认识，为深入思考奠定基础。其次，写反思的时候，因为要落笔，就需要对所思考的内容进行逻辑化、条理化、理性化的表述，促使思考具有一定的理性化。我们经常遇到这样的现象：对写下来的教学现象、个案进行思考，因为写得详实，思考也会趋于全面。

2. 促进教师教育理论学习的深入

如果是教师一般的思考，往往不能够与理论的学习结合起来，从而导致思考的肤浅。而写反思往往使人产生一种写得深刻一点的需求，在这种需求的驱动下，往往要参阅一些资料、翻看一些书籍，促使教师进一步学习，使自己的思考与倡导的理论结合起来，实现对理论认识的提升，从而提高自己的理论水平。

3.促成教师的经验积累和提升

一般的思考，会随着时间的推移而将往事淡忘。而写反思能够帮助教师把自己教学实践中的经验、问题和思考积累下来，使自己对教学现象中的典型事例和思考深深地记忆下来。因为书写的积累作用，教师便真正成为一个有丰富教学经验和理性思考的教师。同时，写下来的东西更方便与人交流，会促进教师更好的发展。

二、观察能力素养

（一）观察概述

1.观察的概念

观察是仔细看事物或现象，是有目的、有计划、有方向、比较持久的知觉。观察是以视觉为主，融其他感觉为一体的综合感知，是知觉的一种高级形式。观察中包含着积极的思维活动，因此，人们也把它称为"思维的知觉"。

2.观察的分类

一般观察也就是相对于作为科学研究手段的专业观察而言，我们在生活中随时会进行的观察，也可以称之为"日常观察"。这类观察常常是因为好奇而引起的，比较随意。

在大多数的日常生活中，观察都在进行。人们都会对于感兴趣的事物、现象或人类行为的某个方面、某些片段进行观察，并没有预先设定目的。这时候，所观察到的事实只是偶发事件，不能代表被观察者的典型状况。之后会对观察的事物及现象有个简单的主观判断，但这时的主观判断比较武断，更多地受情绪、感觉的诱导。一般观察更多的是"接收信息—主观判断"的单一过程。

一般观察中引发人们好奇的事物也是繁多的，大致可以分为"人""物""事"这三类。这三类对象是不同的，除了"人"以外，其中"物"是指物体、"事"是指事件。

人们对这三类对象的观察中，"物"的观察是最为简单的，因为物体的变化较小，观察者只需了解它的外部结构和特征即可。如床上铺着一条粉色碎花被子，上面还放着一个棕色小熊玩偶。

对"事"的观察就比较复杂，因为它是动态的，观察更强调过程。除了要看清事情发生的始末，还需要了解、辨别事情发生的前因后果。如远处跑来一只小猫，它东闻闻西闻闻，双眼机警，似乎发现了什么，它钻进了墙洞，只听几下扑腾声，它又从墙洞钻了回来，原来它抓到了一只老鼠。

这三类对象中，"人"是最为复杂、最难观察的。因为"人"不仅在不断地生长变化，而且有情绪情感等内在因素的影响。如丁丁将方形的积木放在管道的一边，松手后方形积木没有从管道一边滚下来。他皱了皱眉头，又用小手推了一下方形积木，积木动了一下，还是没有滚到管道末端。丁丁放弃方形积木，转而去拿圆形积木了。

与一般观察不同，专业观察是为了职业要求或科学研究而进行的。观察者需有明确的观察目的，具有专业客观观察的能力及准确评价判断的能力。观察者能运用感觉器官能动地对自然或社会现象进行感知和描述，从而获得事实资料，并对所要观察的问题或变量做出明确的操作性定义。正确的观察是专业人员达到一定专业水平的必备能力。

专业观察中的目的性尤为重要。它对于观察获取所需的资料提供了预先明确的方向，并有利于最终对观察内容做出操作性定义。专业观察前，需将时间、地点、对象、材料、过程、记录方法等一一列入计划内，有详实的安排与计划，这些计划与安排能够使观察更加有效。专业观察更多的是"接收信息—主观判断—接收信息"的循环反复的过程。

虽说专业观察是有目的、有计划的科学记录。但是，其中也需要观察者的主观参与，对于观察到的幼儿行为或数据进行分析判断。这就对观察者的成熟度、身体状况、情感、人格等提出了挑战，观察者是否具有专业观察能力就显得尤为重要。

表 4-4-1 "一般观察"与"专业观察"的比较

	一般观察	专业观察
观察目的	由好奇心引发的随时观察	为了职业要求或科学研究而进行的观察
观察过程	"接收信息—主观判断"的单一过程。得出结论比较武断	"接收信息—主观判断—接收信息"的循环反复的过程。通过反复获得事实资料做出明确的操作性定义，得出结论专业可靠

（二）幼儿行为观察

1. 行为的概念

（1）从字面上解释

"行"：做、办，表示进行某项活动；"为"：做，作为。"行为"：举止行动，即受思想支配而表现在外面的活动。

（2）从心理学上解释

心理学以行为活动中的人的内部心理过程为研究对象，从客观上能够观察到的人的行为，探索人的内部心理过程，来解答人的行为是怎样发生的以及为什么发生的问题。但心理学家对"行为"也有着各种不同的看法。如行为主义心理学把人与动物对刺激所做的一切反应都称之为"行为"；格式塔心理学认为人的行为由人与环境的相互关系决定，行为是指受心理支配的外部活动。不同的心理学流派对行为的定义和侧重点不一样，在这里就简单从狭义与广义两方面来阐述。

狭义上说，行为只限于表现在外面的活动，如游戏、进餐、盥洗、唱歌、跳舞这些都是行为。因为，这些表象的活动可以用不同的方式记录下来，进行分析研究。

广义上说，行为不仅仅限于表现在外面的活动，而是会受到思想的支配。可以通过观察到的现象推想观察对象的内部心理过程，观察对象的心理动机、情绪、知觉、态度等也都是行为。

由于从完全的意义上说，行为的基本构成要素是环境刺激、人的内部心理过程和行为反应，人的行为包含而并不排斥人的内部心理过程，人的内部心理过程最终决定人的行为，因而，人的行为不是也不应是那种简单的、仅做机械的生理因素分析的、仅用刺激与反应的字眼就能"客观"地加以描述的、与动物等同的行为。人并不是只能无一例外地对呈现于面前的刺激做出反应，人并不是只会"刺激—反应"的机器，人比机器人要复杂得多。要全面地认识人的行为，就必须抓住人类所独有的那些东西，重视对人的内部心理过程的研究更要结合有机体的生理过程，来研究人的内部心理过程。

从整体上看，人的行为是有目的的，人总是根据自己的目的而行动，因而，分析人的行为、研究人的内部心理过程，就要把人当作人来分析、研究。每一个人都有自己独特的人格与个性，人的活动与社会是一个整体，人的行为乃是存在于具体的时间和空间的特定的人的行为。应该从人的外部联系来认识人的行为，企图脱离社会来分析人的行为、研究人的内部心理活动过程，是丝毫不会有任何效果的。

就如哭和笑都是人的行为，但是无缘无故的哭或者无缘无故的笑，是绝对没有的。人的任何行为都是有原因促发的而不是偶然自发的。只有处在当时的那个环境状态之中，也就是人的心理受到当时环境气氛的感染时，眼泪才能流出来，笑声才会发出来。然而，这就是心理学所说的"环境"，往往与周围的实际状态有所不同。

2. 幼儿行为观察过程需要注意的问题

（1）保持客观公正，保证观察的真实性

我们一直说教师要平等地对待每一个幼儿。同样，在观察过程中教师也要保持中立，如实观察并记录每一个幼儿的每一个言行。切忌带着偏见或者戴着有色眼镜去观察幼儿，因为这样观察到的内容以及因此做出的判断都有失偏颇，缺乏客观性。

（2）强化目标意识，保证观察的针对性

诚然，观察前我们已经确立了观察的目标。但是，我们常常会发现有些教师在观察过程中目标意识淡薄，因此观察内容针对性不强，影响了观察的有效性。在观察过程中，尤其是长时间的观察过程中，教师要保持目标意识，始终牢记观察目标，这样才能在观察中收集到有价值的信息。

（3）观察全面细致，保证观察的整体性

教师要对幼儿进行全面观察，尽可能地从多方面收集信息，以便准确地分析幼儿行为产生的原因。我们可以从幼儿的动作、语言、表情、作品这四个方面进行观察。

①幼儿的动作

幼儿的动作一方面可以显示他的身体动作发展的水平，另一方面幼儿往往通过动作来表达自己的情绪与想法。如果我们能理解幼儿的动作，那么就不难了解他们的需求与想要表达的意思。

②幼儿的语言

语言是最具有观察价值的内容，也是信息量最为丰富、最为准确的一种观察手段。我们通过幼儿的语言能够了解他的认知水平、语言表达水平以及社会交往和情绪管理能力，还可以通过语言的问答来探视幼儿的内心活动。

③幼儿的表情

幼儿的表情虽然很明显、很容易进行观察，本应该是一种很有价值的观察途径，但教师对于幼儿的解读往往容易出现偏差。另外，幼儿自身对于表情的理解和成年人有许多不同，如果我们基于自己的表情对幼儿进行观察解读往往会发生误读。

④幼儿的作品

幼儿的作品，尤其是建构游戏作品、绘画作品等都能在一定程度上体现幼儿的发展水平，包括认知方面、想象能力，另一方面还可能表达幼儿的一种情绪状态。但随着表现技巧的提升，作品就越来越表现出幼儿本身的心理差异，而且不同人对于相同作品的观察解读也可能是千差万别的。

（4）记录翔实客观，保证观察的有效性

观察记录的第一个要点就是清晰翔实。在现场记录时，教师常常因为时间匆忙影响现场记录的质量，一般情况下教师会记录得比较潦草省略。那么观察结束后，教师应该趁脑海里还留有观察印象时，赶紧动手将观察记录尽量补写完整，这些信息都能够帮助梳理观察后的分析与建议。

有的教师不喜欢一边观察一边记录，他们觉得这样会影响观察的全面性。那么建议这样的教师可以在观察过程中使用一些现代化技术，例如录音笔、录像机等。对客观事实的了解除了运用观察者的感官之外，还可以运用各种能够帮助搜集观察对象资料的仪器或工具，尽可能使观察到的事实以原貌被保存下来。

观察记录的第二个要点是要客观真实。尤其是运用文字进行记录时，我们要尽量使用事实性的语言，而不是观察者观念的记录。

（三）影响教师观察的因素

在观察过程中，我们也会受到许多因素的影响。因此，我们需要明确是哪些因素，并尽可能地注意并减少其对观察结果产生的影响。

1. 敏感性和意识

我们常常会发现，两个教师即使实施同样的观察计划，但是观察到的内容与结果往往还是会有一定的差异。造成差异的原因何在？这和教师的敏感性和意识息息相关。每个人的敏感性和意识不一样，也就造成了对观察行为获取与记录的不同。当然，敏感性和意识也是会随着经验和训练而改变。也就是说，通过积极的训练以及经验的积累，会提高教师在观察中的敏感性与意识。

2. 疲劳、疾病和心理紊乱

教师的身体状态与心理状态也在一定程度上会限制观察的开展。观察是一个严谨的研究过程，需要观察者投入百分之百的专注。而疲劳、疾病、心理紊乱会让教师不能静下心来投入，从而影响观察以及判断。因此，如果教师有以上不适时，可以推迟自己的观察计划，或者也可以尝试在不同的时间多次观察以保证观察和判断的客观与准确性。

除此之外，幼儿也会因疲劳、疾病和心理紊乱而影响自己的行为和整体机能。所以，作为观察者也可以采取上面相同的措施减少影响因素。

3. 自我或个性

对观察影响最大的因素之一是自我或个性。教师的个人经验、态度、需求、希望、情绪等不仅仅影响了对幼儿的观察过程，也影响了观察的重点。教师可能会将自己的感受或者曾经的感受投身到幼儿身上。因此，专家就曾经提及在观察过程中"把你和你所认为的区分开"。

4. 控制偏见

每个人都有偏见，但并不是每个人都能意识到自己的偏见。"这个孩子有多动症""这个孩子有暴力倾向"……诸如此类的偏见会让教师在观察过程中失去客观立场，而且过于主观地做出对幼儿的行为判断。虽然偏见是无法完全消除的，但是我们能够意识到我们的偏见并采取措施予以控制。因此，教师切忌草率地对幼儿做出负面或消极评价。

5. 情境的影响

物理空间的大小会影响教师与幼儿之间的观察距离；设备和材料会影响幼儿参加活动的兴趣与意义；儿童的个性和特征则影响你在场景中能做什么，因为情境的不同决定儿童可能表现的行为。

(四)观察过程中的注意事项

1. 教师要尽可能保持隐蔽

幼儿园教师一般情况下观察的对象都是本班幼儿，基本都采取"参与式观察"，也就是在观察过程中参与幼儿的活动并且保持与幼儿的适时互动，这样的观察在一定程度上减少了不必要的影响。

不过，也有一些特定观察，教师无法采取参与式观察。例如观察幼儿同伴关系、观察幼儿自我探索学习等，这时候就需要教师尽可能地保持隐蔽。因为，教师的出现极易引发"霍桑效应"。"霍桑效应"是指当被观察者觉察到自己正处于被观察的情景时，将会朝向取悦观察者的方向表现。这样，幼儿产生的行为就缺乏了真实性与客观性。那么，如何保持隐蔽？

第一，与观察对象保持一定的观察距离；第二，固定你的位置，不要过多变化；第三，等观察对象接受你的存在后，再开始进行观察；第四，不要介入观察对象的活动。

2. 教师必须遵守职业道德

与研究者观察的区别在于，幼儿园教师观察的意义更多的是为了努力了解班中幼儿学习发展情况，并为幼儿提供更为适宜的教育支持。虽然我们的出发点是积极的，但是在观察过程中，我们必须遵守观察者的职业操守，也就是教师的职业道德。

第一，尊重观察对象。即使是2—3岁的幼儿，他都拥有拒绝接受观察的权利。如由于教师的观察引发了幼儿的不快或者不适，影响了他的心理以及行为时，我们则要尊重观察对象，适时停止观察行为。

第二，保护隐私。在撰写观察记录或者观察案例的时候，尽量使用幼儿的化名。尤其是需要在公开场合使用观察记录或者观察案例时，千万不能出现孩子的真实姓名和信息。如果一定要出现照片或者录像，请务必先征得家长的同意。

第三，保证安全。有些特定观察容易对幼儿造成一定伤害，包括生理和心理。尤其是作为教师，尚且缺乏科学研究人员的专业素养，不能做出准确评估。因此当教师不能确定观察是否会伤害到幼儿时，请慎重考虑，尽量不要开展观察。

（五）幼儿活动观察

幼儿因为其年龄小，他们自己的所思所想所需在很多时候难以用自己的语言直接表达出来。这就需要幼儿教师借用活动观察的方式，感知幼儿的情绪、行为和了解自己组织活动的效果等。

1. 活动观察的意义

在幼儿园工作中，掌握活动观察技能，对于幼儿教师非常重要。这是幼儿教师做好工作的重要手段，将有助于幼儿教师引导幼儿一日常规活动的开展，有助于对幼儿的了解。活动观察越来越被人视为幼儿教师必备的一种重要专业素养。

通过活动观察，幼儿教师可以推测到幼儿的情绪、所思、所需，甚至是幼儿参加活动的效果情况。幼儿是否真正地融入活动中，也反映出幼儿教师设置的活动目标的达成与否。

2. 活动观察的概念

活动观察，是幼儿教师对幼儿在一日活动中的情绪、行为和活动效果的一种知觉查看的活动。

活动观察技能，是幼儿教师在一日活动中对幼儿的情绪、行为和活动效果的一类感知活动的行为方式。

幼儿教师掌握了观察技能，就可以较为准确地获取反馈信息，调整下一步教学的行动依据，调整自己组织活动的行为，以便选取更适合幼儿的技能，保证活动的质量与效率。通常来说，在进行一种活动观察行为的后面，往往会接着进行对活动行为的修正与调整。

3. 观察技能的要素

（1）视觉感知。也就是视觉观察，是最主要的观察形式。通过幼儿教师用眼睛观看幼儿的神态、表情、行为的变换，掌握幼儿的情绪与认知状态。例如，幼儿在教师组织活动的过程中闭目，往往是对此项活动不感兴趣或是非常疲惫；幼儿在活动中，目光直视不动，往往也是对活动不感兴趣，在考虑其他事情。

（2）听觉感知。通过用耳朵对声音的感受，倾听了解幼儿在活动中对话的语气、音调、节奏等，感受幼儿对活动的学习氛围。例如，幼儿在教师布置活动任务时，发出一声轻微的叹息，可能是这种活动已经让其感受不到新意了，是他对这个活动没有兴趣的表现。

（3）思维判断。也就是需求判断。通过视觉和听觉感知了解信息，然后做出分析与判断的过程，推断出幼儿的情绪、需求、所思所想，进而推断出幼儿对活动的态度，推断出活动的效果等。

（4）调整对策。通过在思维判断的基础上，感知幼儿的需求，及时调整活动策略。根据判断，幼儿情绪饱满，认知效果良好，幼儿教师可以继续原定的活动；反之，幼儿情绪焦躁，认知困难，幼儿教师就需要调整自己的活动策略。

观察技能的训练，重点在于提高幼儿教师的敏锐知觉能力、准确的思维判断能力和教学应变机智。

4.提高活动观察技能的方法

（1）主动进行观察训练

幼儿的心理活动与成年人一样丰富，他们的神态表情也同样丰富。幼儿因为年龄的因素，更喜形于色。通常与成人相比，幼儿不会掩饰自己的内心感受，他们的神态表情与心理活动往往是对应的。幼儿教师若想提升活动观察能力，就需要多与幼儿交流，掌握他们在不同心境下的神态表情，然后再反过来看他们的神态表情，推知他们的心理活动。多观察，多交流，就能够掌握视觉观察的方法。

（2）学会倾听训练

幼儿教师与幼儿沟通时，要学会倾听，面带微笑，全神贯注，稍稍侧面对着幼儿，避免直面盯视幼儿，以免增加幼儿的心理压力。在交流中学会鼓励幼儿，不随意打断幼儿的话语，用点头、微笑、重复他语言中的核心词汇等方式，表示出对他的话语的尊重。

（3）学会总结归纳

幼儿教师只有多角度、多方法地了解幼儿日常表现与行为，才能增加对幼儿行为判断的准确性。幼儿的神态、表情、行为等表象积累得越丰富，幼儿教师的活动观察能力也就越强。通过日常观察、与幼儿交流、与同行交流，甚至文献学习等，都是搜集幼儿行为表象的方法。然后对幼儿不同心理状态下的行为表象进行归类与总结，幼儿教师的观察技能就会自然提高。

幼儿教师将自己对幼儿的观察技能应用于活动的组织与调整中，势必提高活动的效果。

三、家园沟通能力素养

（一）家园沟通的根基

1. 对幼儿共同的爱是家园沟通的基本前提

幼儿园教师与家长的沟通都是为了一个共同的目标，那就是教育好幼儿。共同的爱拉近了家长和教师的距离，使家园的交流更加自然、融洽。在日常教育中，教师在幼儿园对幼儿施行的教育，要体现对幼儿的关心和爱护，要把家庭中父母对幼儿的爱在幼儿园中延续。同时，教师要积极引导家长在家庭中保持对幼儿的正确指导和教育，保持教育的一致性，使双方对幼儿的爱成为家园间永恒的旋律。

2. 对幼儿共同的教育目的是家园沟通的保证

共同的教育目的能够最大限度地拉近双方之间的联系，实现步调一致和行为一致。然而，在教育实践中，家长总是希望幼儿能够掌握更多的字词，学会美术、音乐等更多的知识，拔高式地追求幼儿的片面发展。而教师更主要的是培养幼儿的基本技能，按照幼儿的生理、心理特点的发展选取相应课程，循序渐进地开发幼儿的智力。面对这样的冲突，教师要加强与家长的沟通，晓之以理，动之以情，适时地引导家长认识到幼儿教育阶段的主要任务是掌握基本技能而不是更多的知识，如果片面地发展，只会破坏幼儿的正常发展轨迹，造成幼儿自理能力等方面知识的缺失，最终会破坏幼儿的全面发展。通过家园间的深入沟通，奠定家园间对幼儿共同的教育目的，而这种共识又能促进家园间更大规模的沟通。

（二）家园沟通的原则

1. 切忌"告状"式的谈话方法

"告状"式的谈话方法会让家长误认为教师不喜欢甚至是讨厌自己的孩子，从而觉得自己的孩子在班里会受到不公正待遇而产生抵制情绪。

2. 与家长沟通要讲究谈话的策略性和艺术性

把谈话建立在客观、全面的基础上，要让家长相信教师，尊重并听取教师的意见，要让家长感受到教师在关注孩子的成长和进步，感到教师比他们更深入了解孩子。同时，要抓住时机向家长了解孩子的情况，以请教的态度耐心地听取家长的意见，使家长产生信任感，从而乐意与教师进行充分的交流，达到预期的目的。具体步骤是：

（1）汇报幼儿近来的发展情况（进步与问题所在）。

（2）了解幼儿在家情况及家长的教育方法，找出问题的原因。

（3）提出解决问题的设想和方法，以及家长需要配合做的事。

掌握了最基本的原则，还要根据不同的情况做出不同的安排。例如，每学年的开学，我们都要接一个新班。由于家长对教师不了解，所以关注的一般都是幼儿在园的生活情况，即吃得怎么样，水喝得多不多，中午睡觉了没有，等等。根据家长的需求，教师指导幼儿制作了一张生活卡，贴在楼道里。内容包括：今天我吃饭了，今天我喝水了，今天我大便了，今天我睡觉了。指导幼儿利用室内活动时间按数量用自己喜欢的图案记录。这样，家长就能利用接送的时间充分了解幼儿在园的生活情况，又因为是孩子们自己记录的，孩子们还可以向家长说明，从而让家长了解得更清楚、更真实。

（三）幼儿园教师应具备的沟通意识

1. 转变观念，提高认识，树立大教育观

幼儿园作为一个社会组织，必须认真处理好组织与外界环境和外在系统之间的关系。《幼儿园工作规程》要求："幼儿园应主动与幼儿家庭配合，帮助家长创设良好的家庭教育环境，向家长宣传科学保育、教育幼儿的知识，共同担负教育幼儿的任务。"《幼儿园教育指导纲要（试行）》也指出："家庭是幼儿园重要的合作伙伴。应本着尊重、平等、合作的原则，争取家长的理解、支持和主动参与，并积极支持、帮助家长提高教育能力。"因此，幼儿园教师必须转变观念，充分认识家园合作的重要性，改变封闭式的沟通模式。在与家庭联系的过程中，要充分发挥主导作用，把做好家长工作放在与保育工作同等重要的位置上，积极地加强与家长的联系，征求家长的意见，取得家长的支持和配合，接受家长的监督，使家长与幼儿园内部各种资源相互作用，不断调节，发挥整体教育的作用。

2. 及时发现家园沟通中的问题

目前，幼儿园与家庭在幼儿教育中的重要性逐渐被人们所认可。绝大多数幼儿园都比较重视家长工作，采用家长园地、家园联系栏、家园联系手册、家访、家长学校、半日开放等各种方式进行家园沟通，交流科学育儿经验，提高幼儿园

管理质量。幼儿园的家园沟通工作，不但加强了幼儿园与家庭的联系，还不同程度地提高了家长科学育儿的水平，使家庭和幼儿园对幼儿施行协调一致的教育，在一定程度上促进了幼儿的发展。但是，在家园合作的组织与实施中，仍然存在不少的问题，有待我们去改变。

第五节　幼儿园教师综合素养的提升

根据教师素养面临的新挑战，结合世界发达教育体系对教师素养的关注重点，新时代重塑我国教师核心素养已迫在眉睫。幼儿教师的核心素养应当紧紧围绕"全面育人"这一育人核心，在"教育理念""知识技能""人格修养"三个不同的方面，重新打造教师的"教师观""发展观""学生观""知识观""教学观""课程观""职业观""道德观""使命观"，使教师素养得到全面提升。

一、加强对职业道德的认识

职业道德是最基本的职业操守。当前，部分幼儿教师的职业道德水平不高，没有敬业意识，这不利于幼儿教师的长远发展，也不利于幼儿的成长。幼儿的模仿能力很强，作为幼儿教师，应当时刻注意自己的言行举止，提高自己为人师表的意识，同时关注自己的学习，树立终身学习的思想，以积极乐观的心态投入幼儿教师的岗位。幼儿教师，培养的是祖国的花朵，是幼儿父母以外的第一位老师，对幼儿教育有非常重要的作用。

首先，幼儿教师应当以饱满的热情投入自己的工作，认识到自己工作岗位的重要性，培养自己热爱工作、奉献岗位的热情，发自内心地接受并且认可自己的工作和身份。

其次，幼儿教师为人师表，应当时刻注意自己的言行举止，用心关爱幼儿，以高标准要求自己，在幼儿面前树立正确的道德榜样，用自己的言行影响幼儿。

最后，学习也是一种职业道德，幼儿教师应当积极投身学习，不断提升自己，培养终身学习的意识。终身学习对任何人来说都是非常重要的。任何人在任何岗位上如果不学习、不进步终究会被社会淘汰。幼儿教师应当积极学习先进的教育理念，不断提高自己的教学水平和知识水平，这样不但可以更好地教育幼儿，而且可以增加工作乐趣，提高思想水平，以更好的姿态面对自己的工作。

二、明确教师角色定位

幼儿教师是与幼儿接触时间最长的工作，需要具备专业的幼儿知识。当前，幼儿教师的知识水平参差不齐，对自己的角色定位不清晰，没有认识到教师观的重要性，对幼儿教育带来一些负面影响。新时代，幼儿教师应当构建完善的教师观，明确自己的角色定位，全身心投入幼儿教育工作中。

首先，幼儿教师不应当把自己当作教学的机器，应当在幼儿教育、教学中发挥自己的主观能动性，积极提出新的教学想法，不断提高自己的教学水平，以适应幼儿教育的发展。

其次，幼儿教育教学是一份互动性非常强的工作，在日常工作中，幼儿教师应当积极与学生互动，了解孩子的身心特点，有针对性地进行教育。同时，还应当积极与其他幼儿教师进行交流互动，互相学习，共同进步，不断改善教学环境，提高教学水平。

三、实现教师知识和能力多元化

随着我国对幼儿教育工作的重视，当前大部分幼儿教师都在职前接受过专业的职前教育，这在很大程度上促进了我国幼儿教育的发展。职前教育是幼儿教师接受知识的最佳时期，很多幼儿教师在进入工作岗位后虽然能够继续学习，但最初的知识体系一般不会发生太大的变化。因此，职前教育中的课程体系对教师的知识素养是至关重要的。

首先，幼儿教师的职前教育课程设置应当多元化。幼儿教育注重培养幼儿的能力和兴趣，促进幼儿的身体、智力发育，而不是以学科知识为主。因此，幼儿教师的职业教育应当注重提升幼儿教师的综合知识，注重教育实践。

其次，幼儿教师的职前教育应当以培养幼儿教师的综合教育能力为目标。当前，很多幼儿教师的职前教育注重培养幼儿教师的学科知识，忽略了幼儿教师综合教育能力的提升，导致很多幼儿教师在走向工作岗位后虽然具有很专业的学科知识，但不能很好地适应工作岗位要求，这对幼儿的发展来说也是非常不利的。

最后，幼儿教师的职前教育应当知识与能力并重，以促进幼儿教师的多元化发展为主要目的，让幼儿教师在步入工作岗位前做好充足的准备。

对于幼儿教师的职前教育来说，实践是其提升教师素养的最好选择。幼儿教师只有在实践中才能将知识与实际相结合，加深对知识的印象。因此，学校应当增加幼儿教师在职前实习的机会，加深与不同幼儿教育机构的合作，并在实习后客观地对幼儿教师进行评价，发现幼儿教师的优点与不足，进而有针对性地提升幼儿教师的综合素养。同时，实践还能够提升幼儿教师的心理素质，缓解工作前的焦虑。

四、提高非专业生的入职条件

当前，随着我国学前教育质量的提高，受过专业教育的幼儿教师与未受过专业教育的幼儿教师是有很大区别的，无论是从教育理念的角度还是从专业知识的角度，受过专业教育的幼儿教师都具有更大的优势，有利于幼儿教育的长远发展。因此，幼儿教育应当加强对未受过专业教育的幼儿教师的再教育，提升其职业素养。同时，提高非专业出身的幼儿教师的准入条件。

在现行制度下，未受过专业教育的幼儿教师主要通过考取教师资格证的形式来获得幼儿教师的资格。因此，在报考环节可以增加一些专业上的限制，另外，在具体的面试环节应当选择具有多样性的案例来考察其是否具备完备的幼儿教育知识和理念。在具体的教学工作中，由于未受过专业教育的幼儿教师一般在职前未接受过专业的幼儿教育知识，因此，可以适当延长其考察期。在考察期间，应当增加非专业与专业幼儿教师交流的机会，让未受过专业教育的幼儿教师能够积极适应幼儿教育工作。另外，未受过专业教育的幼儿教师还应当积极参加教育部门组织的统一培训，以拓展自己的视野，提高自己的教学水平。

五、加强新老教师的交流

对于幼儿教育来说，新老幼儿教师在教学经验、教学能力、知识储备方面都有很大的差距，这些差距可能短时间内体现不出来，但是经过一段时间就会显现出来。幼儿园应当为新教师提供向老教师学习的机会，可以以师徒的形式让新教师主动向老教师学习，同时增加老教师展现能力的舞台，从而促进新幼儿教师综合素养的提升。

首先，在学习过程中，新幼儿教师应当注重培养自己多元化的教育能力，培养自己的思考、探索意识，主动提出自己的想法与建议，与老教师共同探讨。

其次，在学习过程中，新幼儿教师要深化自己的合作意识，及时配合老教师的教学工作，在相互配合中发现自己的不足，学他人之长补自己之短，共同提高。

最后，新幼儿教师要善于发现问题，敢于提出问题，并及时与家长、同行交流，也可以到其他幼儿园参观学习，开阔自己的视野，学习不同的幼儿教育理念，再与老教师深入开展交流，助力幼儿教育事业往更高、更好、更专业的方向发展。

六、加大培训方式的多样性

当前，关于教师培训的理论有很多种，但是真正能够对教师素养提升有帮助的培训却不多见。通常来说，教育部门组织的教师培训是一种最有效的培训。当然，每位教师都是自己的学习方法，参加培训只是提升能力的方法之一，也有可能有的教师不适合参加培训，但总体上讲，培训是一种非常有效的提升教师能力的方法。因此，幼儿教师应当积极参加教师培训尤其是教育部门组织的培训，不但能够提高自己思想觉悟和教学水平而且能够与不同学校的教师交流互动，汲取经验。

对于教龄时间比较长的幼儿教师来说，培训可能对自己能力的影响不大。因此，这类教师可以参加一些专家讲座，吸收先进科学的教育理念，提升自己的思想境界。

不同的教师自我提升的方法不一，因此，教育主管部门应当组织不同类型的教师培训，以便让教师有针对性地选择，提高培训效能，这样才能从总体上提高幼儿教师的综合素养。

第五章 幼儿园教师的职业道德

本章内容为幼儿园教师的职业道德，主要从四个方面进行介绍，分别为幼儿园教师职业道德概述、幼儿园教师职业道德行为和心理、幼儿园教师职业道德的遵守现状、幼儿园教师职业道德的提升路径。

第一节 幼儿园教师职业道德概述

一、道德

（一）道德的概念

道德是存在于人类社会的概念。对于师德来说，道德是其出现的理论基础和起点。师德是在道德的基础上演变而来，因此，想要理解师德首先要正确把握道德的内在含义。

道德源于人类的社会实践，它是一种特殊的规范调节方式。道德可以看作是一种与众不同的意识心态，这种意识形态取决于人类社会在某一时期的经济关系，是人类社会评判是非善恶的重要标准，与人类社会的生活习惯有很大的关系，同时，道德可以调节人类之间、人类与社会、自然的关系，并使人类行为朝更加规范的方向发展。不同的时代、不同的阶级具有不同的道德观念。每个人处在社会生活中必然会参加必要的社会活动，从这一点看，道德可以分为四个不同的方面，分别是社会公德、职业道德、家庭美德和个人品德。

社会公德是人们在社会生活中首先需要了解的道德，主要指的是人们在日常交往和社会活动中需要遵守的符合人类文明习惯的行为准则，它是维持人类社会基本生活秩序稳定的基础。社会公德主要包括：文明礼貌、助人为乐、爱护公物、保护环境、遵纪守法等。

职业道德与人们的工作息息相关，主要指的是人们职业范围内应当遵守的各种职业规范、职业操守等，是维护职场秩序的重要道德标准，同时也体现了人们所在职业的社会责任感。职业道德的主要内容有：爱岗敬业、诚实守信、办事公道、热情服务、奉献社会等。

家庭美德是指人们在家庭生活中调整家庭成员之间的关系、处理家庭问题时所遵循的高尚的道德规范。家庭美德主要包括：尊老爱幼、男女平等、夫妻和睦、勤俭持家、邻里团结等。

个人品德指的是一个人的品质，与个人的言行举止密不可分，主要指的是人们在日常生活中应当遵守的各种行为规范，是规范一个人的思想、行为的重要标准。个人品德的主要内容有：爱国奉献、明礼遵规、勤劳善良、宽厚正直、自强自律。

2019年10月，中共中央、国务院印发了与公民道德相关的《新时代公民道德建设实施纲要》，这是新时代每一个中国公民都应当自觉遵守和履行的责任与义务。

（二）道德的内涵

任何人类社会都要依赖于道德作为思想准绳实现人们思想上的规约，那么在当代社会中，道德又会表现出什么样的内涵来推进个人与社会的进步呢？我们看到，当代社会中的道德主要表现为一种社会制度、复杂的意识形态、群体的影响力和民族文化的反映。

1. 道德是一种社会制度

道德的实质是一种社会行为规范，属于社会制度的范畴。道德不仅规定着社会成员思想和行为的标准，是人们共同遵守的行为准则，而且在实际的生活中，道德可以直接通过思维判断和大众舆论对人们的日常行为进行规范和约束，使之符合社会发展的核心价值取向，这是巩固社会制度、促进社会文明进步、提高人们自身素质的重要途径。

社会制度的本质内涵是为了满足人们基本的社会需要而组织的具有普遍意义和具有稳定性的社会规范体系，它的构成部分主要有思想观念、各类规范、实施组织和基础设施等部分，其中大部分的观念和不成文的规范正是由"风俗、习惯、团体"等因素影响形成的,这些因素也是道德形成的基本条件,例如在一个民族群体中,风俗习惯当中就蕴含着道德内容和道德规范,因此,道德是社会制度的重要构成部分,社会制度在一定程度上表现在人们的道德行为之上。

2. 道德是一种复杂的意识形态

如果说社会制度多是可以摸得到、看得见的文本规定下来的,那么道德的影响力和权威性是人们思想意识的自觉表达。道德观念是存在于头脑中的不可捉摸的思维活动,它具有多元性、阶段性、可塑性、不稳定性、自觉性等特征。首先,道德观念的存在形式是复杂多样的,它不以固定的形态出现。由于人们的思维活动是一直处于活跃状态的,随着环境因素的变化而改变,尤其在当下影响因素众多,人们的思维变化更加迅捷,由此引起道德观念表现出多元化的形态。其次,道德观念是随着时间的推移而发生变化的。人们身心特征的变化直接影响到对道德认知和道德体验的感官认识,不同年龄阶段对同样的道德现象会做出不同的反应,但随着年龄的增长,这种道德认知的阶段特征也会变得更长。再次,道德观念具有不稳定性。与阶段性特征相一致,道德观念的稳定性随着身心变化而改变,伴随心理成熟度的增加而趋于稳定。最后,道德观念具有自觉性的特征。道德行为的践行是需要一个过程的,从道德认知的形成,道德思维判断的形成,道德习惯的养成,再到道德自觉性的形成,从而构成了一个完整的道德行为模式。道德自觉性的形成至关重要,它体现出一个人道德意识的成熟程度和践行道德行为的能力。由此可见,道德是一个有着多种特征的意识形态。

3. 道德是一种群体影响力

道德是群体间互动的结果,离开个体间互动的条件,道德将不复存在。首先,一个人的道德是毫无意义的,道德的本意在于对他者施加的正向影响。既然道德是一种社会制度,那么道德就将通过具体的行动来履行维系社会正常秩序所必需的各种行为模式。在施展道德行为的同时,也是他者对施动者行为进行评价的过程,离开他者的评价和互动所产生的效果,道德自然而然地丧失了自身存在的意义,也就是说,若对他者采取行动的过程中没有产生影响作用,这个过程也就无所谓道德与否。其次,道德的互动影响必须体现出积极的一面。我们说,道德是"真""善""美"的表达,正是人类对美好事物的向往和社会进步的内在要求,道德在不断地激励着我们形成"向善求真"的价值取向。道德在人际间互动的过程中对他者产生积极的影响,如果是消极作用,那么就是不道德的行为。最后,道德的群体性为道德行为的实施搭建了必要的环境和良好的平台。群体的互动产生了人们的道德思维,从而为道德认知提供了基础,人际的交流与沟通是道德体验的场域,是锻炼道德行为的重要场所,因此,群体间的互动将直接推动人们道德观的成长。

4.道德是一种民族文化的反映

道德观念是思想文化的载体,反映了一个民族、一个国家、一个社会群体的核心价值观念。我国的传统美德传承着我国优秀的民族文化,在几千年的文化积淀中,传统美德经历着一代代人的继承和发展,不断地维系和推动着社会的前行,尤其在中华民族文化的发展进程中,道德一直以来是作为文化中的核心内容出现的。文化是人类物质文明与精神文明的成果,是推动社会进步的动力,道德是对精神文明的提炼和选择,相应地,精神文明反作用于道德的本意。精神文明的创造离不开良好的道德品质以及道德行为规范的约束作用,因为文化本身是社会生活的反映,依赖于社会制度的制约作用,这与道德的作用是一致的。

(三)道德的作用

既然道德是人们的思想观念、思维活动的方式,它就要受到社会生产发展因素的影响,其中首要因素是社会经济关系。但道德并不是消极地接受社会物质条件的决定,而是积极地与其他社会意识形态一起对社会的发展产生强大的能动作用。

1.调节社会关系

调节复杂的社会关系是道德最基本,也是最主要的功能之一。在社会制度改革和市场经济的冲击之下,当代社会关系已经形成了一张复杂多变的关系网,道德正是通过评价、教育、指导、激励、示范、沟通等方式和途径,调节人与人之间、个人与社会之间的关系,并规约其行为的。

正因为人们看到了道德对行为具有一定的约束作用,所以制订一些法律法规的依据也是从道德思想出发的。与法律法规不同的是,道德的调节途径以大众信念和公众舆论为主。大众信念主要包括社会主义核心价值观、个人的人生观和世界观、道德理想等,公众舆论主要是由某种社会现象引发的公众对道德观念的思考和评论。信念与舆论的力量不可小觑，它有时像一只无形的大手，触及社会政治、法律所无法涉及的各个社会生活领域当中，大到关系治国安邦的政治、经济活动，小到琐碎的家务问题、私人交往等，其中有一些特殊矛盾，是政治手段和法律手段都"无计可施"的，唯有通过道德的影响力和认同度来解决。通过道德调节社会关系是无需强力制裁的，大众信念和公众舆论正是一种无形的社会力量，对人们的思想、情绪和态度产生强烈的导向作用，从而弃恶扬善，扶正祛邪，传承中华美德，弘扬社会正能量。

2. 认识社会现实

道德为认识现实社会提供了思想基础。我们认识社会是通过各种社会生活中的社会现象，社会现象中充满了各种道德表现形式和道德体验场所，在认知的过程中，道德观念回答了人们什么是有利的和有害的，善的和恶的，应当的和不应当的，正义的和非正义的等伦理道德问题，道德思想也是在这样的过程中树立起来的。

社会生活中个人与他人、个人与集体、个人与社会的关系错综复杂，冲突与矛盾反映出整个社会的现状，这些冲突和矛盾为人们提高道德判断能力提供了大量的信息和进行道德选择的条件，通过道德判断和选择，我们可以更清晰地了解社会现实。对社会现实的认知集合可称为"社会认知范畴"，那么道德认知范畴就是指人类对道德现象本质的概括而形成的一些基本概念。道德认知范畴代表了人们将道德现实与道德理想进行对比后得到的道德思维习惯，以及在道德体验过程中凝结而成的道德态度、情感和经验。每个人拥有不同的道德认知范畴，代表着每个人不同的道德思维模式。使用道德思维模式看待所处的社会生活将获得对社会现实的理解，因此，一般的道德范畴都在不同程度上反映了社会对人们的一些基本道德要求。道德范畴不但可以帮助人们更深刻地认识道德的本质及发现规律，指导人们的道德实践，而且还可以成为我们进行道德评价的认识工具。

3. 规约个人行为

规约个人的日常行为是道德最基本的作用之一，道德正是通过对个人行为的调节从而推进社会的有序发展。个人行为是在思想观念的支配下实现的，良好的思想观念将对个人行为产生积极向上的影响，从而促进个人健康成长；不良的思想观念将对个人行为产生负向影响，做出不符合伦理道德的行为，不利于个人成长，道德的能动性就在于对思想观念发挥作用，不断激励个人奋发向上，完善人格特征。

当前，市场经济体制在逐渐完善之中，随之带来的道德问题也不绝于耳。那些喧嚣"道理无用论""道德代价论"的人也逐渐认识到道德调节社会关系的作用在如今日益显现其重要作用。学校中对道德教育越发重视，家庭教育中父母也会随时留意孩子的行为是否符合道德要求。这些道德教育正是道德规约个人行为的重要途径。

另一个重要的途径是形成个人的道德修养。道德修养是具有良好道德思想观念的表现，是产生道德行为的思想动力。道德修养是经过道德认知、道德思考、道德内化、道德习惯等长期过程最终形成的，是个人修养的综合表现。道德的自觉行为是道德修养的核心部分。因此，规约个人行为并非易事，它是一个有道德的人崇高价值的体现。

4. 教育引导功能

道德具有教育功能。我国的道德教育是传承中华美德的重要平台，在学校教育中开设有专门的思想政治课程，在课堂教学中教师依据社会制度的要求，对学生进行思想道德教育，其中将中华美德置于教学的首要地位。中华美德蕴含着中华民族的精神，是中华文明文化的结晶，是每一位中华儿女应当了解和遵守的美德。

道德理想需要一代代人的传承，道德教育在此过程中起到重要的作用。先进的道德理想是社会发展的产物和需要，在社会变革和制度完善的进程中，道德作为积极的精神力量一直以来是支撑社会变革的精神动力。一个拥有道德的人在社会生活中是在不断自觉地完善自己内心世界的，在达到一定的道德境界时，个人会感受到心情的愉悦和幸福感受。道德观念需要从小开始培养，道德的养成需要长期的熏陶和培育，尤其是道德的心理定式在人生的成长过程中和做人的准则上尤为重要。一个人追求的往往是精神的愉悦和超脱，如当一个人做了一件符合道德的行为或有益于他人的好事，他的内心就可能产生愉快的不可替代的体验。在学校生活中或家庭环境下，教师和家长的角色就经常充当道德教育者的角色。道德的感染作用和熏陶作用在此过程中得到了显现。

（四）道德和法律的联系与区别

随着生产力的发展，以风俗习惯和道德去调整全部的社会关系已不可能，社会需要更有力、更广泛的标准和规范，于是法律便应运而生。法律的出现，并不意味着社会关系的调整不再依靠道德，法律在调整方式、调整范围上也有着局限性，道德仍是调整社会关系的重要手段。法律与道德都对社会关系的调整具有重要作用，它们之间既有联系，也有区别。

第一，二者之间的联系。

（1）二者都是需要人们共同遵守的符合人们行为习惯的规范。

（2）二者相辅相成、相互补充。

（3）二者都是在一定社会环境和经济基础的条件下产生的，会随着经济的发展和时代的进步而逐渐变化和完善。

（4）二者有着共同的目标追求，都是为了使人类社会更加稳定以促进社会生产力的发展，从而提升人们的幸福感。

第二，二者之间的区别。

（1）二者是在不同的社会条件下产生的。其中，道德产生的时间比较早，在人类社会形成之时，道德就已经产生了；法律则是在人类社会出现阶级分化时产生的。

（2）二者具有不同的呈现方式。其中，道德一般存在于人们的思想意识中，而人们的行为规范则是道德的表现形式；法律一般需要使用国家通用的语言文字来呈现。

（3）二者具有不同的体系结构。其中，道德虽然可以分为不同的道德体系，但是并没有周密的结构；法律则能够体现一个国家的集体意志，拥有完整、严谨、严肃的结构。

（4）二者具有不同的执行力度。其中，道德可以看做是一种社会公约，主要靠个人的信念来执行；法律则是强制性的，不但需要社会公民自觉遵守，而且需要动用国家力量来强制执行。

（5）二者具有不同的约束力。其中，道德的约束力相对较低，但是不道德的行为会遭到社会公众的谴责，承受一定的精神压力；法律的约束力则非常强，违反法律不但要承受精神的压力，还必须承担相应的法律责任。

二、职业道德

职业道德能够促进职业活动的发展及社会文明的进步，是职业者事业获得成功的重要前提和保证。职业道德是社会道德的重要组成部分，人类社会中的任何一种职业都受相应道德标准的约束，而职业道德则是在人类社会分工越来越细的情况下产生的。任何一种职业道德与职业角色都是密不可分的，用来约束人们的职业行为同时维护职业利益。职业道德因职业不同而显示出不同的特点，需要不同社会职业角色共同遵守，是一种比较特殊的道德规范。可见，职业道德是特定职业或行业所具有的软实力。医生以"救死扶伤、治病救人"受人爱戴，军人以"服从命令为天职"受人敬佩，教师以"学而不厌，诲人不倦"受人尊敬。职业道德不但代表了一个职业的价值观，而且能够反映出一个职业的社会责任，代表一个行业的社会价值。

新时代背景下，用"四有"的标准规范了"好"老师的内涵，"有理想信念""有道德情操""有扎实学识""有仁爱之心"各有所指，但核心指向都是对师德提出了明确要求。教师教育只有以"四有"好教师为目标，才能使师范生成为先进思想文化的传播者、中国共产党执政的坚定支持者、学生健康成长的指导者，才能真正履行敬业爱生、立德树人、为人师表的教师职责。

三、教师职业道德

（一）教师职业道德的概念

关于教师职业道德的界定，众说纷纭，并没有一个统一的概念。如有学者认为，职业道德就是约定俗成的、明文规定的、国家教育从业人员在其教书育人活动中和社会生活中遵循的行为规范和道德准则。有学者认为，教师职业道德是指教师在从事教育工作中必须遵守的行为、道德规范和准则的总和，是教师对自己所从事的职业道德规范的认识和实践所达到的自觉程度，是教师在这一特殊职业中形成和发展起来的品德。也有学者认为，教师职业道德简称"师德"，是教师在长期的教育教学中形成的稳定的道德观念、道德品质和行为规范的总和，是教师思想觉悟、道德品质、个性魅力和精神面貌的集中体现，是教师的专业伦理规范。而在杨芷英编著的《教师职业道德》一书中则对道德下了较为科学的定义，教师职业道德又称"教师道德"或"师德",是指教师从事教育教学活动所应遵循的行为准则和必备的道德品质。它是社会职业道德有机组成部分,是教师行业特殊的道德要求。[①] 此定义既指出了教师职业道德是教师在从事教育教学活动中,履行教书育人职能时所必须遵循的行为准则和道德规范的总和,又指出了教师职业道德区别于其他行业的特殊性,即它是协调教师与同事之间、教师与学生之间、教师与社会之间等各方面关系的行为准则。

(二)教师职业道德的历史发展

教师职业道德不仅能够反映教师对教师职业的看法和个人的思想道德水平,还可以反映出教育中存在的各种伦理关系。伦理关系是人与人之间由客观关系和主体意识构成,以伦理权利与义务关系为核心内容的一种相对稳定的社会关系,这样的社会关系具有代代相传的继承性。随着伦理关系的演进,教师职业道德的内涵随之发生变化,历史上的教师职业道德正是通过不断的继承与发展,才成为当今教师职业道德所借鉴的基础。在我国历史上,教师职业道德大致经历了三个不同的发展阶段:先秦、汉唐和宋元明清。在这些时期,教师职业道德表现出不同的主流道德思想。

我国夏、商、周时期的教师职业道德主要表现出强烈的阶级特征,是维护宗法等级制度的载体,在长期的奴隶社会中,教育机构与奴隶制国家的统治机构合为一体,即"政教合一";而奴隶主和知识分子,教师和贵族合为一体,即"官师合一",所以,此时的教师职业道德是统治阶级道德思想的直观反映。到了春秋战国时期,教育不再为官府所垄断,以孔子、孟子、荀子等一些杰出的古代教育家为代表,提出了以人性论哲学思想为理论基础的教师职业道德思想体系,并运用于实际的教学实践过程当中。他们的一套相对完整的教师道德规范,如"学而不厌,诲人不倦"的教师品格,"其身正,不令而行;其身不正,虽令不从"的教师品行,"不能正其身,如正人何"的教师形象,"有教无类""一视同仁"的教师要求等,无不体现了为师以德为先是中国教育的传统理念。儒家许多关于教师职业道德的思想奠定了我国古代教师职业道德的基础,深刻影响我国两千多年,乃至成为中国教师历代奉行的行为准则,至今仍具一定的思想价值。

---

① 杨芷英. 教师职业道德(新编版)[M]. 北京:高等教育出版社,2007.

西汉时期，汉武帝在"罢黜百家、独尊儒术"的基础上形成了封建社会的教师职业道德，强调了教师职业道德要为维护封建宗法等级制度、封建地主阶级的利益服务。到了唐代，不得不提到韩愈的传世之作《师说》，其中集中论述了教师伦理道德问题。韩愈将"传道，授业，解惑"确定为教师的任务；将"以身立教"和"其身亡而其教存"确定为教师职业道德的核心表现；将"无贵无贱，无长无少，道之所存，师之所存也"和"弟子不必不如师，师不必贤于弟子"确定为师生关系的写照。这些思想对当时及后世教师职业道德的建立有着深远的影响。

宋代朱熹重视教师品德的内在修养，主张"知行合一""知行常相随"，成为当时教师职业道德的主流思想。明清时期出现了进步的教育思潮，例如王阳明强调教师在教学过程中要遵循循序渐进、因材施教的原则，要顾及学生的学习能力和学习环境的影响，特别是教师要有耐心和信心。教育家王夫之认为，教师职业道德要"明人者先自明"，应当以忠信、好学为本。清代提倡的是教师品行的立与废，关系到整个社会风气，"唯师道立而善人多"。鸦片战争以后，受到西方教育思想的影响，我国文化教育的性质产生了深刻的变化，同时对教师职业道德规范也提出了新的要求。

四、幼儿园教师职业道德

幼儿园教师的职业道德是教师职业道德的重要组成部分，另外，因为幼儿教师面对的是幼儿群体，而幼儿对社会的认知程度非常低，所以幼儿教师的职业道德具有一定的特殊性。具体说来，幼儿教师职业道德指的幼儿教师在幼儿教育活动中所必须遵守的与道德相符的行为规范，是调节幼儿教师与幼儿、社会和集体的关系的重要规范，能够体现幼儿教师的道德品质。

上述定义，首先，揭示了幼儿园教师职业道德的独特性，说明它是幼儿园教师这一职业所特有的，是与幼儿园教师这一职业密切联系的专门性道德。其次，揭示幼儿园教师职业道德的基本内涵，说明幼儿园教师职业道德不只是幼儿园教师在职业生活中所应遵守的行为规范和行为准则，还包括幼儿园教师从规范和行为准则中内化而成的职业道德观念意识和行为品质。一方面，幼儿园教师职业道德体现了社会对幼儿教师职业道德的外在客观要求，是处理幼儿园教师职业人际关系的行为规范；另一方面，幼儿园教师职业道德是教师内化了的道德认知、道德情感、道德意志、道德行为，是一种内化了的德行。

五、幼儿园教师职业道德及其规范

人民教育家陶行知先生为我们树立了言教与身教的榜样，其根本原因是他坚守教育兴国之志，永葆教育情怀，长期恪守师德规范，最终为"建筑人格长城"的结果。师范生应该学习老一辈教育家的精神与品格，提高对师德规范重要意义的认识，谙熟师德规范要求，增强践行师德规范的自觉性。

（一）规范与教师职业道德规范的含义

1. 规范与教师职业道德规范

规范可以看做是一种符合人类生活、工作习惯的标准；道德是人类社会约束人类行为、调节社会关系的重要基础。在某些方面，规范也可以看做是道德的具体表达形式。

教师的职业道德反映的是教师这一职业角色与道德的具体关系，是教师在教育过程中所需要遵守的具体行为规范，体现了教师与学生、学校、社会的道德关系。

2. 幼儿园教师职业道德规范

幼儿园教师职业道德规范是对幼儿园教师职业道德行为实践的具体总结和概括，是在广大幼儿园教师长期教育道德实践基础上，由教育行政部门组织幼教专家及幼教工作者，从国家、民族和人民群众的利益出发，以习近平新时代中国特色社会主义思想及社会主义核心价值观为指导，对幼儿园教师的职业活动中所反映出的道德关系和道德行为的基本准则，进行系统的、全面的概括，并通过一定的思维形式和社会途径，形成幼儿园教师共同遵守的行为准则。虽然尚未成为国家法定条文，但它能够影响、支配或调节幼儿园教师职业道德关系和道德行为，涵盖了幼儿园教师对幼儿、对家长、对同事、对工作的价值取向，以及对幼儿园教师自身专业成长与发展的要求。

（二）加强师德建设的重要意义

教师是传播人类文明的重要使者，肩负着国家和人类培养下一代的重要使命。对于任何国家来说，想要发展教育就必须打造一支高质量的教师队伍，这是教育的基础也是高质量教育的基本要求。教师将知识的种子播撒在一代又一代的学生脑海里，是一个光荣而自豪的职业。党中央、国务院历来高度重视教师队伍建设，先后颁布《教育部关于进一步加强和改进师德建设的意见》（2005年）、《国务院关于加强教师队伍建设的意见》（2012年）及《中共中央国务院关于全面深化新时代教师队伍建设改革的意见》（2018年）等，其重要意义表现为以下四点：

（1）加强和改进师德建设是确保党的事业后继有人和社会主义事业兴旺发达，全面建成小康社会和实现中华民族伟大复兴，落实科学发展观，落实科教兴国、人才强国战略的保障。

（2）加强和改进师德建设是全面贯彻党的教育方针、落实立德树人根本任务的保证。教师职业道德规范在教师道德体系中占有突出的地位，它对于培养教师的职业心理，形成教师特有的道德习惯、道德传统，以及推动教师的工作起着重要的作用。

（3）加强和改进师德建设是进一步加强和改进教育对象思想道德建设和思想政治教育的迫切要求。教师是人类灵魂的工程师，是青少年儿童成长的引路人。教师的思想政治素质和职业道德水平直接关系到学生思想政治工作状况和亿万青少年儿童的健康成长，关系到国家的前途命运和民族的未来。

（4）加强和改进师德建设是促进教师专业成长的有效途径。理解和遵守师德规范是教师的责任和义务。遵守师德规范既是广大教师获得行业、家长与社会认同的必要前提，也是加强自身修养、不断取得专业成长和进步，取得育人成功的关键。

（三）师德规范践行的途径与方法

师德规范需要知行合一、长期实践，通过内化于心、外化于行的修炼过程，最终形成良好的教师人格。要想达到这一目标，需要学习与实践、他律与自律、素养提升与形象塑造三个方面相结合的途径与方法来实现。

1. 学习与实践相结合

这里的学习指的是道德方面的学习。教师需要养成良好的学习习惯，与时俱进，不断提升自己的思想境界，以良好的修养提升自己的气质，以高尚的品德充实自己的思想，以具有良好师德的古代先贤和现代教师为榜样，不断提升自己的道德水平。

同样，这里的实践也是指的道德方面的实践。教师的道德水平不应当只存在于思想意识中，而且应当表现在具体的行动中。教师应当以身作则，为学生树立良好的道德榜样，做学生的道德表率，这样既能教育学生又能切实提高自己的道德修养。

教师想要真正提高自己的师德水平，就要做到学习与实践相结合。用学习来丰富自己的头脑，用实践来培养践行道德的习惯，这样才能从内心深处认可道德和师德。良好的师德是教师的重要精神财富，这是教师自我提升的重要精神食粮。通过学习，教师能够深刻感悟到师德重要性，涵养自己的精神世界；通过实践，教师能够感受到践行师德的快乐，真正做到为人师表。因此，学习与实践相结合是教师提高自己师德水平的重要途径，也是教师更加成熟的表现。

另外，学习与实践相结合也是一种可行性非常高的提高教师师德水平的方法。教师本身就是一个非常高尚的职业，人们对教师的言行举止都有较高的关注度，而学校又能够为教师师德的提升提供一个良好的学习和实践环境，这为教师学习道德、实践道德提供了非常有利的条件。

（1）终身学习

作为守护祖国花朵的幼儿教师，首先应当学习先进的马克思主义理论知识，坚决拥护中国共产党的领导，其次应当学习中华民族优秀的传统文化，从中汲取道德营养，最后还要向优秀的道德榜样学习，以榜样为目标，不断提高自己。总之，师德水平的提高不是一蹴而就的，幼儿教师要养成终身学习的习惯，从不同方面汲取有利于涵养师德的营养。

（2）注重实践

师德水平必须通过具体时间才能体现出来，而实践也是教师提升自己师德水平的最终目的。师范生需要积极投身教育实践，通过各种方式和途径体验师德要求，积极投身社会生活实践，检验提升师德，才能完善师德形象。师范生要积极参加有意义的道德实践活动，在有目的、有计划、有针对性的道德实践活动中，不断地提升自己的师德水平。

2.他律与自律相结合

他律指的是教师在提升师德水平的过程中受外界因素影响比较多,是一种被动提升,以他人的眼光看待自己。他律能够在一定程度上促进教师道德水平的提高,并督促教师践行道德规范。

自律指的是教师发自内心地践行道德规范,无论是否在他人的监督之下都能够积极主动地按道德准则行事。自律是教师良好师德的重要表现,体现了一名教师的修养和品质。

无论自律还是他律,都能促进教师道德修养的提升。自律和他律也可以看做是教师提高道德修养道路上的两个阶段。教师道德修养的提升一般先有他律然后再有自律,这是一个思想意识逐步沉淀和升华的过程。

(1)重视他律阶段的积淀和发展

首先,幼儿教师要积极学习不同师德规范,培养自己的道德意识,陶冶高尚的道德情操,规范自己的言行。其次,幼儿教师要积极主动地接受他人的监督,以良好的道德规范约束自己,敢于面对错误,自觉接受他人的批评。最后,幼儿教师要时刻注意维护自己良好的道德形象,从点滴做起,培养道德自觉。

(2)要努力由他律向自律转化

首先,幼儿教师要经常自我反省,以高标准来省察自己的言行举止,增强自己践行师德的动力。其次,幼儿教师应当及时纠正自己的错误观念,以道德的标准进行自我评价,及时发现自己的不足。最后,幼儿教师应当真正做到慎独,这就要求幼儿教师在自己独处时也能够牢记道德规范,以道德来要求自己的思想和行为。

3.素养提升与形象塑造相结合

(1)素养提升

新时代背景下中国青年要锤炼品德修为,不断修身立德,打牢道德根基,以更高的自觉性抵制不良思想的侵蚀,树立远大的理想和人生追求,追求更有高度、更有境界、更有品位的人生,这为新时代中国青年锤炼品德修为指明了方向。作为未来的幼儿教师,师范生应该牢记并努力践行新时代祖国对中国青年提出的要求,锤炼品德修为,积极主动地维护中华民族尊严和品格,牢记社会主义核心价值观,学习和传承优良的中华民族传统美德,向新时代的道德楷模学习，以自觉践行社会主义道德规范为荣。这些要求同样适合教师职业道德的素养提升。

（2）形象塑造

形象由举止、谈吐、着装和仪容构成。对于幼儿教师来说，虽不要求像其他教师那样端庄，但也要让人觉得合适、得体。在日常教学中，教师应当注意自己的言辞，对幼儿要有亲和力，同时要表现得温文尔雅、幽默生动。另外，教师的仪容形象需要清洁干净、淡雅宜人。

（3）素养提升与形象塑造相结合

将师德素养提升与教师形象塑造相结合，通过内外兼修，方可实现秀外慧中，彰显文质彬彬的君子风范。从教育的视角出发，实现内外兼修需要协调好师德内化与外化的辩证统一关系。

师德内化是将外在的师德意识与规范转化为每位师范生个体的思想意识，师德外化则是将每位师范生内在的师德意识及所掌握的具体师德规范转变为外在师德行为。简言之，内化是输入，外化是输出。内化主要是通过教师的教育方法来完成，在内化过程中，教师处于主导地位；而外化则主要是通过学生自我教育的方法进行，在外化过程中，学生处于主动地位。师德内化与外化相互依存、相互渗透。师德内化是外化的前提和基础，没有师德素养提升的内化，就没有教师形象塑造的外化；师德外化是内化的目的和归宿，没有师德规范的践行与教师专业形象塑造的外化，内化也就失去了实际意义。

六、幼儿园教师职业道德的本质和结构

（一）本质

（1）幼儿阶段的孩子思想极其单纯，模仿能力比较强，因此幼儿教师应当具有良好的职业操守。幼儿教师对幼儿的成长有非常重要的作用，是幼儿成长的引路人。幼儿园教师的思想政治素质和职业道德水平直接关系到幼儿的健康成长，关系到国家的前途命运和民族的未来。作为幼儿园教师，必须要严格要求自己，具备高尚的职业道德。

（2）幼儿园教师职业道德体现为特定的道德规范体系。幼儿园教师职业道

德主要是要求幼儿园教师要树立正确的、科学的教育观、儿童观、教师观，具有热爱教育的事业心，能够全身心地投入幼儿教育工作之中，同时具有良好的社会责任感和个人品质。无论何时，教育都是一个国家和民族得以发展和传承的关键。幼儿教育作为教育的最初阶段，对滋养孩子的心灵、启迪幼儿的智慧有着至关重要的作用，因此，幼儿教师要深刻认识到职业道德的重要性，承担起培养祖国花朵的责任。

（3）幼儿园教师职业道德是从教育活动的特殊利益关系中引申出来的。幼儿园教师职业道德是教育劳动过程中人与人之间关系的反映，是通过教育劳动表现出来的。教育劳动的社会职能决定教师必须树立起为社会培养全面发展人才的道德责任感。教育劳动的社会职能，主要是通过教育培养出具有良好思想品德、掌握一定科学文化知识、体魄健全的人才，为社会和人民的利益服务。

（二）结构

教师职业道德由多种因素构成，包括教师职业理想、职业责任、职业态度、职业纪律、职业技能、职业良心、职业作风、职业荣誉八个方面。这些因素从不同的方面反映出幼儿教师职业道德的本质和规律，同时又互相配合，构成一个严谨的幼儿教师职业道德结构模式。

（1）幼儿教师职业理想。幼儿教师职业理想是指幼儿教师对于幼儿教育工作的选择以及在工作上达到何种成就的向往和追求，是职业道德的重要组成部分，有了崇高的职业理想才能产生模范遵守职业道德的行为。忠于幼儿教育事业，努力做一名优秀的幼儿教师，是社会主义市场经济条件下幼儿教师的崇高职业理想，它体现了幼儿教师职业道德的本质。

（2）幼儿教师职业责任。幼儿教师职业责任是指教师必须承担的职责和任务。在社会主义制度条件下，幼儿教师的根本职责是促进幼儿的全面发展。自觉履行幼儿教师的职业责任，就是要求幼儿教师把职业责任变为自觉的道德义务，为培养全面发展的幼儿无私奉献。

（3）幼儿教师职业态度。幼儿教师职业态度是指教师对自身职业劳动的看法和采取的行为，简而言之，就是指教师劳动态度。在社会主义社会，它的基本要求是树立积极主动的劳动态度，努力培养社会主义新人。

（4）幼儿教师职业纪律。幼儿教师职业劳动纪律是指教师在从事教育劳动过程中应遵守的规章、条例、守则等。

（5）幼儿教师职业技能。幼儿教师职业技能是指幼儿教师保育和教育的本领，保育和教育的效果是幼儿教师职业技能的反映。

（6）幼儿教师职业良心。幼儿教师职业良心是指幼儿教师对幼儿、幼儿家长、同事以及社会、幼儿园，在职业履行义务的过程中所形成的特殊道德责任感和道德自我评价能力。

（7）幼儿教师职业作风。幼儿教师职业作风是指幼儿教师在自身职业活动中表现出来的一贯态度和行为。

（8）幼儿教师职业荣誉。幼儿教师职业荣誉指的是社会、国家、群众对幼儿教师的称赞、褒奖和认可等，同时也包括幼儿教师对自己工作所产生的自豪感。

七、幼儿园教师职业道德的内容

（一）爱国守法

爱国守法是教师职业的基本要求。首先，爱国是教师做好本职工作的前提和基础，作为一名教师，要把热爱祖国作为自己的神圣职责，不断强化自己的爱国意识及情操，激发爱国情感；爱国家、爱人民、爱学生、拥护中国共产党的领导。其次，守法不但是对教师这一职业的要求而且是对教师作为一名合格公民的基本要求，这就要求教师要具有良好的法律意识，以法律为准绳，认真对待自己的工作。教师职业的特殊性要求教师必须成为守法的楷模，这样才有利于潜移默化地影响受教育者，为建设社会主义法治国家奠定基础。

（1）爱国主义是培养教师职业道德的基础

爱国主义是人们对祖国的深厚感情、对祖国的一份责任，是将个人的命运和祖国的命运紧密地联系在一起，是调整个人与国家、个人与民族关系的道德规范，是一种重大的政治原则，是鼓舞和凝聚各民族的精神支柱。我国近代以来的屈辱史让中华儿女对爱国主义的理解更为深刻。

爱国主义首先表现在能够让无数中华儿女从内心深处产生情感共鸣，并且能够用爱国主义指导自己的行动。

爱国主义其次表现为热爱自己生活的地域和国度，因为她承载着我们的主权、财富和民族的生存与发展，因此维护国家主权、领土完整是国家的核心利益，也是一个公民神圣的使命和义不容辞的责任。爱国主义也表现为爱自己的骨肉同胞，反映的是对整个中华民族利益的自觉认同。爱国主义还表现为对国家民族前途和命运的责任感、使命感、民族自尊、自信、自强的精神以及为祖国繁荣富强而努力奋斗的行动。

爱国主义自古以来就是中华民族的优良传统，在新时代又体现出一些时代特征。总体而言，新时代的爱国主义包括的主要内容有：坚持爱国主义和社会主义相统一、维护祖国统一和民族团结、尊重和传承中华民族历史和文化、坚持立足民族又面向世界。一个忠诚的爱国者应该做到：维护和推进国家统一、促进民族团结、增强国家安全意识、履行维护国家安全的义务。

对于教师来说，一个人的能力有大小，职务有高低，只要热爱本职工作，在自己的教师岗位上尽职尽责，就是抓住了爱国主义的着力点，就是对爱国主义的最好诠释。

（2）爱国守法是提高教师职业道德水平的保障

爱国守法要求教师要依法执教。

如果说道德要求人类更加高尚，那么，法律则是不可逾越的行为底线。法律与道德在社会发展过程中发挥着不同的作用。道德与法律两者互为补充又融为一体，道德通过社会共识约束人们的言行举止，是社会人民普遍认可的行为规范，虽然不是强制性的但也具有一定的约束力。法律通过不同的形式如监狱、军队、警察、法庭等国家机器维持其强制力，约束力强。无论是道德还是法律，都是约束人们言行的重要形式，两者缺一不可。缺少法律则人们的行为就会没有强制性，缺少道德则社会环境就会显得枯燥单调。

每一个合格的公民有享受法律赋予的权利同时也必须履行法律规定的义务，这就要求每个公民都必须遵纪守法。人类社会包含各种社会关系，这种关系的维护需要一定的规则，而法律就是一种有效的规则。身处社会之中，每个人要想实现自己的价值，找到自己的位置就必须在法律的规则之下行事，否则将会使自己陷入非常危险的境地。

教师首先是公民，然后才是从事教育教学的专业人员，教师应当具有一个公民应有的道德水准和人格素质。教师想要提升自己的思想水平不但要考虑道德因素，日常的道德修养在师德方面占主要位置，而且有关教师职业方面的法律知识也是教师必备的。"爱国守法、明礼诚信、团结友善、勤俭自强、敬业奉献"，这是我国公民必须遵循的基本道德规范。由此可见，爱国守法也是教师应该遵守的道德规范。

在教学实践中，教师要表现出自己的"知法、守法"意识，就要依法执教。依法执教是指国家机关、学校及其他教育机构、社会组织和公民个人，依照教育法律法规和其他有关法律法规的规定，从事教育管理活动、办学活动、教育教学活动和其他有关教育的活动，使教育工作逐步走向法治化和规范化的轨道。教师职业道德的内容包含道德观、世界观、人生观、价值观、政治立场和法纪观念等。依法执教是对教师行为的最低要求，是师德的底线。"守法"是保证我国现代化建设健康稳定发展的内在要求。幼儿教师职业道德与依法执教是统一的。

（二）热爱事业

1. 热爱事业的内涵

（1）职业与事业

"职业"与"事业"是两个不同的概念，两者既有区别又有密切的联系。职业，是指劳动者参与社会分工，利用专门的知识和技能，为社会创造物质财富和精神财富，获取合理报酬，作为物质生活来源，并满足精神需求的工作。事业，是指人所从事的有目标、有规模、有系统的，对社会有一定影响的经常性活动。

职业与事业都是人所从事的工作，事业多数是以职业的形式表现出来的。两者区别为：职业是阶段性的，而事业是终生的；职业仅是作为一个人谋生的手段，事业则是自觉的，是由奋斗目标和进取心促成的，是愿为之付出毕生精力的一种"职业"；职业换取薪水，事业创造价值；职业感受辛苦，事业体验快乐。

对待工作的态度不同，个人感受及结果会迥异。工作能够给人带来收入，维持人们正常的生活，但是工作不应当成为人们生存的唯一条件，这样容易让人身心疲惫，久而久之就会厌倦自己的工作，人们就会沦为工作的奴隶，失去了生活的乐趣和激情。在工作中，人们应当找到工作带来的乐趣和成就感，以积极乐观的心态看待工作，将自己的工作看成是自己的一份事业，消除工作中的消极情绪。

工作应当是有目标的工作,如果工作只是为了完成任务而不求上进,那么就不会在工作岗位上有所突破,逐渐失去工作的动力。因此,应当以正确的态度对待工作,不骄不躁,这样才能够在平凡的劳作中抱有积极乐观的态度和永续不竭的动力,体验创造的价值,收获成长的喜悦。

(2)对"爱岗敬业"的解读

爱岗敬业自古以来就是职业道德的重要话题,备受人们的重视。其内涵的基本要求就是人们要有对自己所从事的职业敬重的情感,并恪尽职守,履行自己的社会义务。爱岗敬业是教师职业道德的核心。爱岗,就是热爱自己的工作岗位;热爱本职工作,是指职业工作者以正确的态度对待各种职业劳动,并且在劳动中找到工作的乐趣,提升工作的幸福感。敬业就是要认真对待自己的工作,做事时一丝不苟,忠于自己的职业,忠于自己的岗位,尽职尽责。孔子称其为"执事敬",朱熹解释其为"专心致志,以事其业"。

(3)对"热爱事业"的解读

作为一种情感体验,热爱事业指的是对党和人民教育事业的热爱和忠诚。既包含对自己选择的尊重和珍惜,对教育事业的全身心投入和无悔追求的信念和态度,也包含在教育对象人格尊重的基础上,对其思想行为的理解和成长的关注。作为一种行为体现,热爱事业指的是对国家教育发展和教育对象成长的强烈使命感和责任感。其中既有对教育教学工作的认真负责和精益求精,也有对教育对象的热情关怀。

(4)爱岗敬业与热爱事业

"爱岗敬业"与"热爱事业"都是职业道德规范从思想道德角度对从业者提出的工作态度与工作行为的具体要求,在某种意义上是一致的。但是两者在提法上有区别,爱岗敬业是对各个领域从业者的共同要求,而热爱事业则根据教育职业的特殊性,强调教师应该将职业当作事业对待,体现社会对从教人员的高标准和高期待。因此本模块主要讨论热爱事业的师德规范。

2.热爱事业的职业表现

热爱事业在具体工作中表现为具有崇高的职业理想和坚定的职业信念,教师能够将全部精力和满腔热情献给教育事业,自觉自愿成为爱岗敬业的典范。教师热爱事业的具体表现为以下两个方面:

(1) 对教师职业价值的正确理解与认识

首先,教师应将自己的职业视为崇高的事业并全情投入,坚信自己的职业高贵、万人景仰、前景光明,自己是人类灵魂的工程师,是人类进步的阶梯,是渡人的小船,自己干的是太阳底下最光辉的职业。只有从内心接纳教师这份职业才能在自己的工作岗位上绽放出绚丽的光芒。

其次,在平凡的岗位上,教师能够把自己的注意力全部放在工作上,才能在工作中发现自己的不足,看到别人的长处,这样才能不断进步,创造更大的社会价值,在教学舞台上充分展示自己的能力和水平。

最后,教师应把工作当成事业来做,适时调整心态,甘于寂寞,放弃来自繁荣世界的诱惑;教师应加倍付出,以苦为乐,甘愿放弃娱乐和休息的时间;教师要敢于面对来自世俗的眼光,勇于面对不同价值观的质疑和挑战;教师更要时时为自己助威、呐喊和加油,愿意对自己未来的事业负责,会容忍工作中的压力和单调,认识到自己工作的重要性,为学生的全面发展,为祖国伟大而艰辛的社会主义事业贡献自己的力量。

(2) 在平凡的岗位中时刻履行教书育人职责并做出突出业绩

教师应热爱祖国、热爱党、忠诚党的教育事业,在教育教学工作岗位上,践行社会主义核心价值观,认真落实立德树人的根本任务。

教师应热爱本职工作,关爱学生,时刻关注教育事业,以促进教育事业及学生全面健康发展为己任,这样才能够得到广大学生们的喜爱、学生家长的信赖。

教师应在日常工作中辛勤耕耘,无私奉献,教书育人业绩显著。教师热爱事业在大多数情况下既是通过大是大非问题的处理来体现,更是在小事上尽显风格,于细微处显现精神。教师在具体细致,甚至琐碎繁杂的事务上的工作态度、工作方式,可以更全面更真实地反映出其是否热爱自己的本职工作。

3. 热爱事业的重要意义

(1) 热爱事业是幼儿园教师的神圣责任

教育是提高社会生产力的重要手段,承载着传承人类文明的重任。教师作为教育工作中的基层执行者,应当树立高度的责任感和使命感,站在国家和人类的高度看待自己的工作,尤其是幼儿园教师,更应当意识到自己工作的重要性,做好幼儿的领路人。

（2）热爱事业是幼儿园教师落实为人民服务的具体体现

教师应当树立大局观，把自己的工作看成是一种为人民服务的形式，以长远的眼光看待自己的工作。无论何时，教师应当保持对自己工作的热爱，忠于教育事业，发扬敬业精神和为人民服务的精神，这也是对教师的基本要求。幼儿教师更应当以宽广的胸怀接纳自己的工作，以专业的知识促进幼儿的健康发展，不负家长、社会和国家的信任与重托，这是一种高尚的品格。

（3）热爱事业是幼儿教师实现社会价值的重要途径

幼儿园教师的职业理想是幼儿园教师职业道德的重要组成部分。有了崇高的职业理想才能养成良好的职业习惯，培养良好的职业道德。幼儿园教师通过自己的劳动，促进幼儿健康、快乐地成长，同时为国家、社会的发展做好最基础的工作。幼儿园教师的劳动虽然复杂艰苦，但把幼儿园教师职业作为自己的理想，不但非常光荣，同时也是实现自身与社会价值、追求幸福人生的重要途径。

（4）热爱事业是幼儿园教师专业发展的动力，是其自觉创造性劳动的内在需要

幼儿教师的劳动对象虽然是心智不成熟的学生，但正是这样的学生让教师工作出现更多的可能性。处于学习阶段的学生不但需要教师传授其正确的文化知识，还要帮助其树立正确的价值观。由于学生性格特点的多样性，教师的劳动会出现不同的效果，因此教师劳动要具有创造性以使不同的学生都能得到与之相符的发展。幼儿园教师热爱事业就能激发出内在无限潜力，富有创造性地工作。

（5）幼儿园教师的教育本领离不开教育实践的锤炼

实践、反思、总结、再实践，循环往复，螺旋上升，是教师专业发展的必经历程。只有热爱事业，才能心系学生，让自己在工作岗位上成为学生尊敬、人民满意、国家信赖的教师。幼儿园教师应当时常自我教育，提升自我修养，不断完善自己，而这些都源于深层次的热爱事业的精神。

（三）团结协作

1. 团结协作的定义

团结协作指的是人们在某件事情或工作上具有共同的目标，能够齐心协力朝目标努力，在行动和情感上保持一致。团结协作不仅是人类生存的基本法则，更是人类幸福生活的基础。知识是无穷无尽的，又分为不同的学科，学校教育就是将不同学科知识系统化地传授给学生，这就是一个教师分工协作的过程。在这个过程中，教师应当互帮互助，共同致力于提高学生的综合素质，只有这样才能最大地发挥教育的作用。幼儿教师在整个教育过程中，除了要处理好与幼儿、家长之间的关系，还要处理好与同事、领导之间的关系。只有教师之间团结协作，才能真正圆满完成教育任务。团结协作是教师的教学取得良好效果的基本条件，同时也体现了教师的职业道德。

2. 幼儿教师团结协作的道德意义

（1）团结协作能够保持幼儿教育的系统性，能够更好地实现幼儿教育的目标

幼儿教师劳动是个体性和协作性的有机统一。从微观层面来看，幼儿教师的教育劳动方式是个体性的脑力劳动。但从宏观的层面来看，教育是一个非常复杂而又多变的工程。在一个充满知识的社会，每个人的成长都需要学习不同方面知识，这就需要接受不同方面的教育。教育不但能够让人们传承已有的知识而且能够孕育出新的知识，这是教育的魅力所在也是教育的一项功能。在教育这项伟大的工程中，任何教师都不可能独自完成教育的任务，而需要不同教师相互配合，共同向教育的目标前进。

团结协作能够汇集不同教师的智慧，让教育这个大系统高效、高质量地完成教育的目标。

（2）团结协作是幼儿教师优秀人格的必备要素

幼儿教师是一份非常神圣而且光荣的职业。在工作中，幼儿教师需要关爱幼儿的心灵，呵护幼儿身心健康，同时要启迪幼儿的智慧，促进幼儿智力发育，这对幼儿未来的发展有很重要的作用。因此，幼儿教师又是一项非常特殊的职业，它要求教师必须具有高尚的品德，这是最重要的一点，同时还要求具备专业的教育知识，这样才能引导幼儿形成正确的价值观和良好的品格。幼儿教师对幼儿起着言传身教和潜移默化的作用。幼儿教师的良好品格不但能够在教学中让学生如沐春风，而且能够指导幼儿教师正确地处理各种关系，增强其团队协作能力。

团结协作体现出幼儿教师对幼儿教育工作认真负责的态度，是幼儿教师优秀人格和综合能力的外在表现。

（3）团结协作是提高幼儿教师的专业发展水平，增进幼儿教师职业人生的

归属感和幸福感的重要途径

团结协作能够聚集不同幼儿教师的知识和智慧，同时在团结协作的过程中幼儿教师也能相互学习、取长补短，逐步提升自己的知识水平和教学能力。一个优秀幼儿教师的成长有赖于与同事间教育教学经验的交流，发挥集体的协作精神，取长补短，完善自身。此外，建立良好的人际关系是一个人保持心理健康的重要条件。团结协作的氛围能极大地激发教师的创造力和表现力，幼儿教师不仅可以拥有彰显个人价值和独特性的机会，还能体验到职业生活中的归属感和幸福感。幼儿教师精神生活的充实既来源于个人在工作中所获得的成功感，也来源于周围关系世界中的和谐与融洽。

（4）团结协作是形成良好育人氛围的重要保障

幼儿教师集体的风貌和园所育人环境状况是决定教育思想成功的重要因素。良好的育人氛围是办好教育的精神力量，它能对全园的师生员工起着潜移默化的教育和熏陶作用，并能长久地影响教师和幼儿的学习和生活。良好育人氛围的形成离不开幼儿教师的团结协作精神，因为幼儿教师集体的风貌是构成育人氛围的主体，只有团结协作的教师集体才能培养出良好的幼儿集体，才有形成良好育人氛围的基础。教师集体风貌的核心就是教师之间的人际关系氛围。教师之间相互尊重、相互信任、团结协作、共同发展，人际关系必然和谐，教师集体的风貌必然正，这会有利于构建良好的育人氛围。

（四）为人师表

1. 为人师表及其规范的含义

为人师表，指教师的仪表风度、言行举止应成为学生学习和模仿的榜样。教师要言行一致、率先垂范，用自身的实际行为教育幼儿，这样才能够树立教师在幼儿心目中的威信，以达到教育的最佳效果。教师履行为人师表的规范主要表现为：在内在品质上，教师应做一个道德高尚的人，能够严于律己、知行合一；在外在行为上，教师应做到语言规范、举止文明，遵纪守法、依法执教，具备良好的心理状态，能够与同事、家长建立合作的关系。

古代强调"以身立教"，才能"其身亡而其教存"。"以身立教"是指教师以自身的人格力量教会学生如何做人。教师的人格在整个教育过程中具有不可忽视的奠基作用、催化作用、修正作用和完善作用。教师人格在教育中发挥作用也是一个由表及里的过程，与为人师表规范所包含的品质与行为两个层面有异曲同工之妙。而"为人师表"的提法更加普及，易于理解和接受。

2. 为人师表的重要意义

善之本在教，教之本在师。教师责任大于天，肩负着开启民智、传承文明的神圣使命，承载着千万家庭的梦想与希望。作为受人尊敬的教师，应该恪守教师职业道德，身体力行，以身作则，率先垂范，为人师表，担负起国家与民族赋予教师职业的神圣使命。为人师表是教师职业道德的显著特征和在职业活动中形成的美德，更是教师崇高的道德责任。教师的行为本身是一种无声的教育力量，在教育实践中这种"无声"胜似"有声"。润物无声，教育无痕，教师的身教更为重要。

（1）为人师表是由教师劳动的示范性特点所决定的，反映了教育劳动的特殊要求

教师从事的教育劳动，有一个重要特点即示范性，正是这种示范性决定了教师必须为人师表。教师在教育劳动中的特殊地位和学生"向师性"的心理特点，决定了教师对学生有一种特殊的影响力。因此，教师在教育劳动中所表现出来的劳动态度、精神风貌、工作作风、学识才干、思维方式、道德品质都会对学生产生潜移默化的影响，起着重要的示范作用。教师在各方面做好了，是对学生最好的献身教育。

（2）为人师表是由身教胜于言教的育人规律所决定的，反映了教育规律的要求

要使教师的教育更有说服力，要使学生真正接受教师的教育，要使教育收到良好的效果，教师就必须在对学生进行言教的同时进行身教，而且身教常常胜于言教，这是整个教育工作，特别是思想教育工作的一个规律。为此，要求被教育者做到的，教育者自己必须首先做到，否则被教育者是不会信服的。教师对学生的要求首先付诸行动，这等于向学生昭示：这样做是应该的、可行的。教师良好的行为本身就是对学生的一种殷切的期望、热忱的召唤、无声的命令，对不良行为则是一种无声的谴责和鞭策，它是催促学生向善去恶的一种强大教育力量。教师若是用自己也不相信、做不到的要求去教育学生，学生绝不会认真对待的；如

果教师口是心非，言行不一，只能使学生产生一种被愚弄、被欺骗的感觉，造成他们对思想教育的逆反心理，甚至会影响整个教育事业的威信。正因如此，以身作则，为人师表，已作为教育工作者的基本要求，成为教师职业道德的一条重要规范。

（3）为人师表是树立和维护教师威信的需要

教师在教育活动中对学生施以教育、传授知识的过程，是一种特殊的人与人之间交往的过程，是师生之间的思想、意志、情感、知识等进行复杂而奇妙的互相影响和作用的过程。一个教师平时在学生心目中的威信如何，学生是否热爱他、钦佩他、尊重他，直接影响到教育工作的成效。教师个人的威信是他对学生进行教育和教学工作的重要条件。如果一个教师在学生心目中有很高的威信，那么无论是他对学生进行思想品德教育，还是进行知识的传授，学生都会由于钦佩他的人格，进而乐意听从他的教导，相信他所传授的知识，教师对学生的教育工作就会取得事半功倍的效果。相反，如果一个教师在道德学识上常常出现"破绽"，教育威信很低，甚至受到学生的轻蔑，那么他的教育和教学工作就会事倍功半，即使他讲的和要求学生做的都是金科玉律，学生也不会信服，甚至消极抵触。由此可见，教师的教育威信在教育劳动中的重要意义，而教师教育威信的树立取决于教师的为人师表。

（4）为人师表也是全社会对教师提出的要求

教师不仅应该成为学生的师长，而且应该成为社会上人们的表率。教师道德不仅影响学生，而且通过学生影响整个社会。所以历代社会都对教师要求很高，把教师视为全社会人们的榜样，特别是在知识经济"科教兴国"的今天，随着教育在整个社会发展中作用的不断提高，对教师职业道德的要求也就越高，教师应当成为全社会成员中道德素质较高的人，成为人们道德向善的榜样。

（五）关爱幼儿

1. 关爱幼儿的内涵

关爱幼儿是一种专业态度，也是幼儿教师儿童观的集中体现，直接影响到幼儿教师实施教育的理念、路径、方式和实际行动。

关爱幼儿，就是指幼儿教师要关心爱护每一个幼儿，对每一个幼儿都诲人不倦。幼儿教师对幼儿的关爱应该与其他人对幼儿的关爱不一样，这是一种带有教育意蕴的，区别于一般人文关怀的"教育之爱"。

对幼儿生命安全的守护是幼儿教师不可推卸的责任，在任何时候只要幼儿的人身安全受到威胁，幼儿教师都要挺身而出。同样，身心同步健康成长才是学前教育追求的目标，所以幼儿心理健康工作不可忽视。

2.关爱幼儿的职业表现

（1）在对待幼儿的态度与行为上做到热爱幼儿，尊重幼儿

幼儿教师在日常工作中需要与幼儿密切接触，教师对待幼儿的态度与行为上应切实做到"爱一切幼儿，爱幼儿的一切"，以爱为起点、以尊重为基础开展工作。

幼儿教师的教育对象有着独特的身心发展特点，但相对幼儿教师而言又处于绝对弱势，很容易受到幼儿教师的影响甚至操控，因此教师的一言一行都要谨慎，在对待幼儿的态度与行为上表现为：

①用身体姿态和眼神热爱和尊重幼儿

幼儿教师在日常工作中与幼儿进行交流时应尽量放低身体姿态，可以采取半蹲或者坐的姿态，这样高度与幼儿大致相同，减少对幼儿的身高压迫感，在此基础上的交流才是平等的。幼儿教师要走进幼儿的内心世界，善于运用眼神去亲近幼儿，建立良好的师幼关系。一首经久不衰的著名儿歌《我爱老师的目光》就唱出了幼儿对老师目光的渴求，在孩子们心目中老师的目光就像阳光和月光般温暖孩子们的心房。幼儿教师与幼儿交流时眼睛要直视幼儿的眼睛，保持"严而不厉、爱而不溺"的神态，眼中时常流露出温柔的光芒。一位学前教育专业的学生在下园实习后曾感慨道：孩子们说喜欢我，因为我爱笑。我觉得其他老师也爱笑啊，但是孩子们说我的眼睛都在笑。幼儿的心灵是纯净又敏感的，小小年纪已经看得出老师是否真的在"笑"。因此，幼儿教师都应尝试着以真诚的眼神和幼儿进行交流，让心与心在碰撞中交融。

②以包容的心胸接纳幼儿

接纳是以尊重为基础的，只有尊重幼儿之间的差异性才能接纳幼儿的多样性。每个幼儿都希望自己被教师和同伴认可与接纳，感受到自己被同伴、教师和集体所需要，这就是归属的需要。首先教师要无条件地接纳每一个幼儿，无论他是男孩还是女孩，无论他的外表漂亮与否，无论他是否聪明。现实中幼儿教师往往偏爱那些乖巧、漂亮、聪明的幼儿，这是本性却并不专业。其次，教师要引导幼儿

同伴间的接纳，了解每个人的独特性与他人的不同之处，以自身的爱心、宽容和接纳影响并教育幼儿。泰戈尔曾说：爱是理解的别名。教师对幼儿的理解和包容所起到的示范性作用远远大于语言的教导，这就是言传身教的力量。幼儿教师需要在日常工作中谨言慎行，避免对幼儿产生负面的导向作用。组织一些有意义的集体活动，可以让幼儿在活动中发挥自己的作用，找到自身的价值，建立在集体中的归属感。

③以公正的态度平等对待幼儿

"有教无类"是先贤孔子一生的教育追求，他打破"学在贵族"的局面，设立私学，广招各阶层学员，开创了我国教育事业的新局面。现代社会，国家以法律的形式保障未成年人的权利。平等权利的实现有赖于幼儿教师在日常工作中以公正的态度对待每一名幼儿。

公正的态度体现在情感的平等和机会的均等。情感的平等指的是幼儿教师面对不同性别、民族、种族、家庭财产状况、宗教信仰、性格、智力发育程度的幼儿付出同样的感情，给予同样的关心和照顾。某案例中硕硕仅仅因为渴望一个拥抱就甘心再次犯错误，这就是因为小李老师在同样的情况下付出的情感不平等，这也是许多新入职教师要注意的问题。另外，幼儿教师要给予幼儿同等的参与机会，无论是幼儿参加集体教育活动、座位编排方式、幼儿教师提问、针对幼儿的个别指导还是一日常规的班级管理工作，都应该力求机会均等。

（2）在对待幼儿的保育和教育工作中保教并重，关注差异

保教并重是幼儿教师工作特性的体现，但由于幼儿的学习与发展规律是不以成人意志为转移的，故幼儿教师应在对待教育和保育工作的态度上做到保教结合，关注差异，为幼儿的健康成长保驾护航，在实际工作中表现为：

①认真做好保育工作

大多数师范生对待保育工作仍有偏见，认为它不能体现幼儿教师的专业性，只是"纯体力劳动"，不肯花费心思钻研保育工作，而想尽办法脱离保育岗位。其实，保育工作占据了幼儿一日生活的"半壁江山"，关系着幼儿的身体健康甚至生命安全。

②在活动中与幼儿保持互动

关爱幼儿是通过幼儿教师与幼儿之间的良好互动实现的，师幼之间的良好互

动不仅能对幼儿起到有效的教育作用，还能引导幼儿之间的交往，促进幼儿良好品质的形成。

3. 关爱幼儿的意义

（1）关爱幼儿是幼儿教师专业性的体现

幼儿教师对幼儿的关爱是"教育之爱"，这种爱有别于一般的人文关怀，是幼儿教师经历了专业学习之后用专业保教知识关心和爱护幼儿的行为。当越来越多的虐童事件暴露在聚光灯下后，人们首先质疑的就是涉事教师的职业资质。这并非意味着拥有幼儿教师资格证的教师不会成为施暴者，但是没有专业素养的幼儿教师在面对幼儿的一系列有悖于"乖孩子"行为时更容易失去理智，因为缺乏科学的儿童观指导就不能尊重、接纳和引导、教育幼儿。因此，关爱幼儿是幼儿教师专业性的体现。

（2）践行关爱幼儿有助于幼儿教师养成敬业奉献的品质

一个人的价值，应该看他贡献什么，而不应当看他取得什么。关爱幼儿的核心是"爱"，有了这一前提才能实施关爱的行为。爱是奉献，是给予，是个人价值的实现过程，也是自我成就的重要途径。幼儿教师在付出关爱的过程中不断将师德内化于心外显于行，逐渐形成自己认同的职业品质。

（3）关爱幼儿有助于形成良好的班级文化

学龄前的幼儿具有较强的行为模仿性，在他们眼中幼儿教师就是模范，幼儿教师的行为方式就成为了幼儿眼中的榜样。幼儿教师关爱幼儿的行为会成为幼儿与幼儿之间互动模仿的榜样，班级文化氛围逐渐形成，幼儿在良好的心理环境中成长也是身心健康发展的要求之一。

（六）廉洁从教

1. 廉洁从教的定义

廉洁从教，是指幼儿教师在自己的职业生涯中要坚持行廉洁操守，不受贿赂，不接受不属于自己的东西，不贪图财货，不沾不污，立身洁白。廉洁从教是教育公平公正的基础，是教师光明磊落的前提，又是一个人自律的保证，自尊的动力。

2. "爱"是廉洁从教的出发点和归宿

教师是一份需要付出的职业，常常会让人觉得付出与回报不成正比，这就需要教师正确对待回报。回报不一定是物质上的东西，也包括精神上的。同其他教师一样，教师更多地是付出"爱"，同时也会收获"爱"。从这方面来讲，幼儿教师则应当以"爱"作为工作的出发点。

（1）爱由心生

孩子在幼儿阶段天生对不同的事物充满了好奇，经常不受幼儿教师的约束，这对幼儿教师的耐心是一大考验。幼儿教师应当具备充足的爱心和耐心，从细微之处入手，对幼儿进行引导，同时应当把工作和生活分开，即使生活中遇到烦心之事也不能将其带到自己的工作中，否则很容易对幼儿造成伤害。

幼儿教师相对是一份比较清贫的工作，这就需要幼儿教师不断学习，用正确的思想和价值观来武装自己的头脑，抵制社会中的各种诱惑，以更好的理想和追求看待自己的工作和事业，积极传播爱的种子，让它在幼儿幼小的心灵中生根发芽。每位孩子都是一个家庭的希望，家长能够放心地将自己的孩子交到幼儿教师的手中是对幼儿教师的信任，这种信任感是其他职业体会不到的，也是物质所替代不了的，这是一种精神上的幸福。虽然物质也能够在一定程度上提升一个人的幸福感，但这种由他人的需要和信任而带来的幸福感才能够让人真正觉得幸福。面对这种信任，幼儿教师更应当用真心来看待自己的工作，用真心来教育身边的幼儿，这样也能让幼儿教师更加开朗和豁达。当幼儿教师付出爱的时候，爱自然也会围绕在教师的身边。

（2）爱应平等

教师需要面对的是来自不同家庭、具有不同性格和特点的学生，幼儿教师也是如此。在教育教学过程中，如何做到公平地对待每一位幼儿是幼儿教师需要重点关注的问题。公平看似简单，但是真正执行起来却是非常难的。幼儿教师也是这个忙碌社会中的一员，同样有自己的生活交际圈，倘若意志不坚，收受家长的财物，那就会造成心理偏差，妨碍幼儿教育的公平。

幼儿教师想要公平地对待每位幼儿，首先要做到心中无愧，以纯净的内心看待这些懵懂无知的幼儿，让他们感受到自己的爱，并在充满爱的环境中茁壮成长。如果幼儿教师将自己的工作看成是一种用来交易的手段，那么不但玷污了幼儿教师这个职业，也会影响自己从事这份工作的初心，就会受到良心的谴责。

教师的高尚不仅在于教书育人，还在于这份职业的无私与奉献，如果教师的工作中充斥了利益的味道，那么这是这个职业的悲哀，也是教育的不幸。因此，同其他教师一样，幼儿教师的"爱"应当是纯粹的"爱"，不掺杂任何利益关系的"爱"，这样的教师才是幸福的，才是无愧于己、无愧于国家和人民的。

（3）爱应无比忠诚

幼儿教师忠于自己、忠于事业才能在物质面前保持自己的初心，才能不断绽放"爱"的光芒。幼儿教师心中有"爱"才能在幼儿教育这条道路上越走越远，才能坚守这份职业的荣光。

（七）科学保教

1. 科学保教的概念

保教结合是由幼儿的身心发展特点所决定的。保育和教育是幼儿教育的重要组成部分，二者密不可分，保中有教，教中有保。科学保教强调了"科学保"和"科学教"，二者缺一不可，互相结合。科学保教要求幼儿教师在保教结合的过程中掌握科学的方法，把促进儿童的身体健康、养成儿童的生活卫生习惯以及自理能力的养成放在与儿童的知识技能学习和智力发展同等重要的位置。可以从三个方面来理解科学保教。

第一，保育和教育是幼儿园两个很重要的方面。

第二，对于幼儿园来说，保育和教育的地位是同等的。

第三，保育和教育是相辅相成的，共同促进幼儿的发展。

由于幼儿自主生活能力差、缺乏生活经验、身心发展不成熟，因此，幼儿对危险的识别能力较低，这就要求幼儿教育必须在保证幼儿安全的前提下进行，同时不断培养幼儿的自我保护意识。保教结合正是出于对幼儿安全和成长负责的目的而采取的育人原则。

2. 科学保教的职业表现

科学保教如果落实到幼儿教师的职业中，应该从以下几方面入手：

（1）保中有教

保育工作是幼儿园日常工作的重要组成部分，幼儿园的保育是指教师对3—6岁儿童创设适宜的环境，提供满足其生存和发展的物质条件，并给予精心的照顾，从而帮助幼儿健康成长，培养其独立生活的能力。保育的每个环节都少不了对幼儿的教育，如果只有保育没有教育，那么幼儿园的老师就如同保姆一般，不符合当下幼儿教育的要求。比如早上入园晨检，既有保育工作——检查幼儿的身体健康，又有教育工作——提醒一些嗓子发红的幼儿要记得多喝水。如果发现有的幼儿口袋里有异物，要让幼儿及时取出，告诉幼儿要注意安全，避免发生危险。在午餐时，既有保育工作——帮助幼儿分菜、添饭，又有教育工作——提醒幼儿吃饭时要专心，不能挑食，告诉幼儿每一种食物的营养成分是什么以及对身体有哪些好处。在集体教学活动中，既有保育工作——提醒需要上厕所的幼儿不要影响其他小朋友，又有教育工作——明确活动内容要实现的目标以及在活动过程中对教育机会的关注。

（2）教中有保

教育离不开保育，保育是教育的必备前提，如果保育都没做好，更谈不上教育。幼儿园的每一项教育活动中都包含着保育。比如小班幼儿入园，要先培养其良好的生活习惯，教会幼儿如何穿衣服，如何喝水，这既是教育也是保育。通过学习，幼儿不仅掌握了基本的生活技能，同时也了解了基本的健康知识。

（3）科学地选择保教内容和方法

幼儿园教师科学地选择保教的内容，要符合幼儿的年龄发展特点，并且是幼儿感兴趣的和成长需要的内容。保教的方法也显得至关重要，3—6岁的幼儿最喜欢游戏，游戏是其有效学习的手段，在游戏中孩子们可以学会：如何与同伴相处，规则的重要性，如何进行角色扮演，如何设计故事情节，如何解决困难。所以教师在保教活动的设计中要重视游戏的重要性，通过游戏的方式来实现保教活动想要达到的目标。

（八）尊重家长

1. 尊重家长的内涵及职业表现

尊重，就是尊敬、重视，曾经是指将对方视为比自己地位高而必须重视的心态及言行，现在已逐渐引申为平等相待的心态及言行，是对自己、他人以及社会的存在、价值、能力、行为等表示承认与认可。尊重，包括尊重人，也包括尊重物、事和制度。尊重人，意味着尊重人的人格、尊严、权利、潜能、个性和文化等。幼儿教师不仅要尊重幼儿，尊重幼儿家长，尊重同事，尊重社会上的其他交往对象，还要尊重自己和自身从事的幼儿教育事业。

家长，旧称"一家之主"，指父母或其他监护人，一般指未成年人的父母或监护人（自然人）。当代社会幼儿从小多由爷爷奶奶、姥姥姥爷代为照顾，传统观念"隔辈疼"，在当代社会体现得尤为明显。我们可以把照顾幼儿的家长分为祖辈、父辈和保姆。由于不同的家长在年龄、文化背景以及家庭角色等方面存在不同之处，故他们在关注孩子成长、家庭教育意识以及与人沟通能力等方面都会存在不同程度的差异。调查发现，祖辈家长较多关注幼儿的情绪、健康与饮食状况，父辈家长较多关注幼儿的交往、学习与性格发展，保姆则主要负责在教师与家长之间传达信息。这就需要幼儿园教师发现不同家长的关注倾向之后，热情服务家长，主动与家长沟通，善于听取家长建议，积极为家长提供科学育儿指导，主动引导家长全面关注幼儿，共同促进幼儿健康成长。

尊重家长，就是用平等相待的心态及其言行，对幼儿家长和幼儿家庭的存在、价值、能力、行为等表示了解、承认与认可。

尊重家长的职业表现为：幼儿园教师经常与幼儿家长交流沟通，并表现出对幼儿家长的关心、兴趣和尊重；幼儿园教师在面对幼儿家长时，要及时地对有需要的幼儿家长做出反应；幼儿园教师经常与幼儿家长进行有针对性的个别交谈，促进幼儿健康成长；幼儿园教师平等地对待与尊重不同家庭背景和文化背景的幼儿家长；幼儿园教师认可并鼓励幼儿家长学习正确的育儿观念，并积极给予支持与配合；面对幼儿家长要有亲和力、会倾听。

2. 尊重家长的意义

教师大计，师德为首。幼儿园教师的思想政治素质和职业道德水平直接关系到学前教育质量，关系到幼儿的健康成长乃至国家的前途命运和民族的未来。加强师德建设，造就一支具有良好职业道德的师资队伍是当前刻不容缓的任务。随着改革开放和现代化建设事业进入一个新的历史时期，人民群众对优质教育的需求日益增长，对教师素质的要求进一步提高。

（1）教师尊重家长，体现了社会地位的平等

中华人民共和国成立后，国家非常重视教师的发展，不断提升教师待遇，积极为教师营造良好的社会舆论环境。但是无论教师还是家长，都是中华民族的一员，享有平等的社会地位，应当互相尊重，建立友好关系。尤其是在学生遇到问

题时,教师和家长双方应当理性对话,在彼此尊重的前提下进行沟通。

但是,在实际沟通过程中,个别教师没有意识到相互尊重的重要性,而是盲目指责家长的不负责任;也有个别家长不能客观、正确地面对现实问题,一味将责任推卸给学校和教师。这些都是非常不理智的做法,不但不利于孩子的教育而且会导致双方关系恶化,甚至造成恶劣影响。

(2)教师尊重家长更有利于实现教育目标

幼儿园教师的教育对象有着独特的身心发展特点。幼儿园的孩子一般在3—6岁之间,这一时期的幼儿主要通过模仿和感知来学习,进而增长经验,不断成熟。因此,幼儿教师应当在教学过程中努力创造幼儿自己探索、学习的环境,帮助幼儿获得有益的经验,同时在必要的情况下给予一定的鼓励和帮助。此外,3—6岁幼儿生活自理能力还很弱,幼儿园教师承担着幼儿保育和教育的双重任务。幼儿教育也可以看做是一种启蒙教育,在这个过程中,幼儿教师对幼儿的影响是非常深刻的,而且会在一定时间内影响幼儿的发展。当然,家长也是幼儿教育的主要参与者,因此幼儿教师应当经常与家长在相互尊重的基础上进行沟通,这样的沟通才是有效的、积极的,才能促进幼儿的全面发展。两个"教育者"——学校和家庭,不仅要一致行动,而且要相互配合、彼此尊重、共同培养。只有在这样的条件下,才能有助于幼儿实现和谐全面健康发展。

(3)教师尊重家长,有利于家园共育工作顺利开展

如前所述,幼儿的教育需要学校和家庭相互配合、共同培养和教育,这里指的就是家园共育。家园共育可以让孩子无论在幼儿园还是在家庭都能受到良好的教育,有助于幼儿的快速成长。家园共育是幼儿园教育的重要特征之一,幼儿教师应乐于与同事、家长、社区沟通合作。这种合作是多方面的,是为了促进幼儿的发展而开展的合作。尊重是相互的,幼儿教师尊重家长,反过来家长也会尊重幼儿教师。在这种相互尊重的环境下,教师与家长、幼儿园与家庭的合作也会进行得更加顺利。

家长能够将孩子送到幼儿园说明对幼儿园比较信任,而这种信任一般能够从对待教师的态度上表现出来,因为幼儿教师是家庭与幼儿园相互沟通的重要枢纽。幼儿教师应当尊重家长,及时与家长针对幼儿的教育情况进行交流,随时了解幼儿的生活、学习状况以便采取正确的教育方法。另外,幼儿教师在尊重家长的同

时也会获得家长的尊重和爱戴,这种气氛有利于幼儿的健康成长,同时,通过与家长进行交流互动,幼儿教师与家长也会形成一种互补的关系。这些都有利于家园共育工作的顺利开展。

(4)教师尊重家长,可以有效减少幼儿园与家长发生冲突和矛盾

近年来,随着幼儿园虐童事件的相继爆出,家长的维权意识越来越强,个别家长开始不信任幼儿园,要求用监控监督教师的一举一动。当然,这种做法并没有错,但失去了人与人之间的基本信任与尊重,家长与幼儿教师就不会心平气和地沟通交流,对于刚进入幼儿园工作的教师,不知道如何开展家长工作,不会回答家长的问题,有的年轻教师甚至不敢与家长沟通,最终损害的还是幼儿的健康成长。所以,幼儿教师只有以尊重家长、热情服务家长为理念,消除思想包袱,才能与家长重获信任,掌握尊重家长的规范要求,及时主动沟通,才可以有效减少幼儿园与家长发生冲突和矛盾。

(九)终身学习

目前,幼儿园教师践行"终身学习"理念的职业表现有:参加在职学历提升,参加主管部门组织的继续教育,园所教科研活动,以及各种培训、讲座。无论是主管部门或园所安排的学习任务,还是教师自觉选择的学习活动,都应体现终身学习的特性。

要注重终身学习的终身性,时时可学习,贵在坚持、持之以恒。终身学习,打破了一次性教育或一次性学习受用终身的狭隘观念,教育和学习贯穿于每个人一生的生活和工作中。

要注重终身学习的开放性,处处皆学问,要善于发现、博采众长。终身学习突破学校教育场域,学习不仅可以在学校的课堂上发生,在当今信息和网络发达的时代,可以说工作、生活中都有学习机会、学习资源、学习渠道、学习工具。学习的空间、领域、方式是多种多样的。生活是一本"大书",只有善于发现的人,才能从"无字句"处读书,从而源源不断地获得身心滋养,内外兼修。

要注重终身学习的全员性,人人需学习,修身为本、学而不厌。成长和持续性发展是我们每个人的权利和义务,它既是个体需求,也是时代和社会赋予我们的责任,人人都可以也应当成为终身学习者,成为学习型社会的参与者和促进者。

在学前教育领域，终身学习是每位幼儿教师提升专业素养，做好幼教工作的必由之路，无论是老一辈，还是当代优秀的幼教专家名师，他们的成长路上都留下了孜孜以求的足迹。

要注重终身学习的自主性，上下求索、止于至善。学习者是学习的主体。学习是一个主动的自我建构活动。从识别判断学习需求、明确学习内容、确定学习目标，到制订学习计划，学习过程的实施、省思、调控，以及学习结果的评估，都由学习者自主决策执行并管理。

学习的自主性主要体现在四个方面：自觉、自律、自省、自新。自觉是指自己有所认识而主动去做。自觉的学习是"我想学、我要学"，而不是"不得不学"。自律是指自己管理、约束自己。自律的学习是在学习的全过程中自我管理、自我监督、自我约束，而不是来自老师、家长等他律。

第二节 幼儿园教师职业道德行为和心理

一、幼儿园教师职业道德行为

（一）在教育活动设计中的职业道德行为

（1）合理设定教育活动目标

教育活动目标是教育活动的出发点，也是教育活动的归宿。它既是引导教育活动的方向和指针，又是评价教育活动质量的依据和标准。合理地制订教育活动目标，是教师在教育活动设计中的首要任务。教育的目标是引导幼儿获得发展。那么，设定合适活动目标的前提是，了解幼儿的发展目标，即了解孩子已经达到的水平和预测可能达到的水平，这样，才能做到在组织活动时"既适合幼儿的现有水平，又有一定的挑战性"。

（2）科学选用教育活动内容

人的生活就是人的经验，人们在生活里去体验、去感受、去思索、去总结，进而在生活中成长并使身心得到历练。幼儿正是在丰富多彩的生活中慢慢成长起来的，离开了生活，幼儿的成长就失去了根基，教学也就失去了存在的意义。作为有目的有计划的教育活动，其内容本应源于生活，并服务于生活。幼儿教师在选用教育活动内容的时候应关注幼儿的日常生活，关注日常生活给予幼儿的各种发展机会，关注日常生活中的种种价值与意义，关注幼儿在日常生活中的每一个疑惑、困难与问题，关注幼儿在日常生活中的每一个发展历程。在幼儿的生活中，通过让其不断获得丰富的经验来促进其生长和发展。教学要结合幼儿的生活，让幼儿用自己的眼睛和手去观察，触摸大自然中的花草虫鱼，发展幼儿的认知，观察、分析、探索能力，发展幼儿积极的情感和态度。只有在真实的、自然的生活中，幼儿才能获得和谐的发展。

（3）遵循幼儿学习特点，灵活选用教育活动方法

教育方法和策略是达成教育目标的重要途径和方式，恰当的教育方法不仅可以提供良好的教育环境，激发幼儿的求知欲，而且能提高幼儿参与活动的积极性和主动性，使幼儿充分发挥其主体意识，在主动探索中获得发展，并最终达到教育活动目标。重视丰富幼儿多方面的直接经验，将探索、交往等实践活动作为幼儿最重要的学习方式。因此，教师在设计教育活动方案时，要充分重视教育方法的选择，灵活选用适宜的教育方式，提高教育活动的效果。

（二）在教育活动实施中的职业道德行为

（1）以身示范，发挥教师在课堂中的教育影响力

幼儿以具体形象思维为主，自主和自理能力较差，缺乏一定的判断力，作为言传身教者，幼儿教师在他们的心目中具有无可比拟的"权威地位"。在他们的心目中，教师的言行往往就是道德的标准。可以说教师的思想、行为、作风和品质，每时每刻都在感染、熏陶和影响着孩子们。因此，教师在教育工作中，必须规范自己的言行举止，要以自己的"言"为幼儿之师，"行"为幼儿之范，言传身教，让自身成为促进幼儿发展的最有力资源。同时，幼儿教师必须做到品德高尚，举止文明，以身立教，发挥其在教育活动中的感染和引领作用。

（2）关注幼儿身心健康，创设安全的课堂环境

关注幼儿的身心健康是幼儿教师专业特性的体现之一，也是幼儿教师职业道德修养的重要规范之一。幼儿教师对幼儿身心健康的关注不仅表现在幼儿园生活活动中，同样也表现在组织幼儿园教育活动的过程中，尤其表现在创设课堂环境

方面。教师在教育活动实施过程中，要有积极的教育态度和科学的管理方式，避免出现恶劣的态度和过度控制的管理方式，从而带给幼儿消极的心理体验。心理学规律告诉我们：人在紧张和恐惧的状态中，会产生认知和行为的障碍，消极的心理环境不仅带给孩子消极的心理感受，同时也降低了孩子参与活动的积极性和活动的效果。因此，教师在组织教育活动时应充分考虑到幼儿的心理特点，注重幼儿的心理感受，让孩子在教育情境中感受到安全和有依靠。当然，安全的心理环境并不意味着没有挑战，没有压力，教师为幼儿创设的课堂环境应是一种能够激发孩子产生问题意识和产生认知冲突的问题情境，在这样的情境中，孩子们既能感受到环境的安全，又能积极地探索环境并自主地解决问题。

（3）以幼儿为本，机智处理课堂中的突发事件

教育情境是一种融合了多种因素的复杂情境，因其情境的复杂性和多变性而充满了太多的不可预计性。课堂中随时会出现计划外的情况，这些情况有些是外界的突发事件带来的影响，有些是孩子们突然产生的想法和行为，有时候是孩子们之间产生的冲突，也有时候是教师自身的教育行为失范带来的综合反映。当遇到这些情况的时候，教师的处理办法和其行为动机、教育观念有直接的关系，同时，也和教师的职业道德素养有着紧密的联系。在课堂中秉持"幼儿为本"的理念，坚持处理突发事件以"为孩子好"为首要原则的教师，有着较高的职业道德素养，同时能智慧地处理突发事件，并能以此为教育契机，从而对幼儿施加积极的教育影响。而在课堂，首先考虑课堂秩序稳定，而不是"孩子怎么样""孩子需要什么"的教师，不仅不能有效处理突发事件，还容易带来不良的教育效果，同时，其职业道德素养水平也受到较大的挑战。

（三）在教育活动评价中的职业道德行为

（1）公平公正，合理选用奖惩措施激励幼儿

①以激励为目的，正确使用奖励措施

奖励作为一种对人们行为的评价，有两大作用，一是在行为前具有前馈作用，即提示和引导人们的行为；二是在行为后具有正向反馈作用，即鼓励人们保持和发展这种行为，促使人们更加进步。因此，适当的奖励行为不仅是对正在参与教育活动的幼儿行为的引导和提示，同时是对积极参与教育活动并取得活动成果的幼儿的肯定和激励。在教育活动中，教师如何使用奖励措施，使用什么奖励措施，

不仅影响到教育活动的开展，同时也是教师在教育活动中职业道德素养的体现。

教师首先要明确奖励的目的性，即奖励是否是为了激发孩子的活动积极性和规范孩子的动作。如果能达到这样的目的，同时如果使用物质奖励将使教育活动更具有感召力和吸引力，那么，这样的鼓励措施是必要的。问题的关键是什么样的鼓励措施是恰当的和可行的。

②以规则为准绳，以人格为底线，谨慎使用惩罚措施

活动规则是约束活动行为的标准，具有一定范围内的行为约束力。同时，行为人应有敬畏规则的意识和心理，即认为规则不可触犯。在幼儿园教育活动中，一般都会有活动规则，教师在活动前和在活动中也常提示孩子要遵守活动规则。那么，对于不遵守活动规则的孩子，尤其是故意破坏规则的孩子，教师不仅会批评警告，还会使用一定的惩罚措施，比如暂时剥夺活动权利等。然而，对于使用惩罚措施，教师一定要谨慎。首先，教师应考虑，孩子的行为是否在故意破坏规则，还是因为孩子认知以及能力的不足出现的行为不当？如果是后者，非但不能惩罚，还需要教师帮助和鼓励，如果是前者，教师可以使用适当的惩罚，比如暂时剥夺活动权利，但是教师必须考虑到惩罚本身是指向已经发生的事情，而目的是避免出现类似的行为，进而养成良好的规范行为。因此，教师要带着发展的眼光，关注受惩罚孩子的跟进行为，并积极给予鼓励和支持。同时，教师在使用惩罚措施时，一定不能突破幼儿人格可能被践踏的底线，禁止对孩子进行身体惩罚和精神惩罚（如冷落、轻视等），如上述案例所示的教师有扇耳光行为，不仅是失当的惩罚行为，更是对幼儿人身以及人格尊严的践踏，因此，教师本人应受到法律的严惩和道德的谴责。

（2）关注差异，正确评价幼儿在活动中的发展

教育活动评价的重点和中心是对幼儿发展的评价。近几年来，随着教育观念的不断更新，评价的功用也从侧重甄别到侧重发展。因此，过程性评价和主体性评价也成为评价的发展趋势。新的评价理念认为，凡是具有教育价值的结果，无论是否与预定目标相符，都应该得到支持和肯定。因此，教师在对教育活动中的幼儿发展进行评价时，不能过分关注预设目标的完成，还要关注幼儿究竟是如何在活动中表现和参与的，关注到他们的个性化的独特表现形式和表现结果。教师在评价幼儿时，要关注幼儿在活动中的个性化表现，比如独特的操作方式，不一

样的理解和认识，违反常规的表现和创造，甚至是荒诞离奇的解释和说明。从这些不同的真实表现中评价幼儿的发展状况。同时，教师对于幼儿在活动中完成的作品，比如绘画作品、手工作品、科技作品等物化的活动成果，要在活动过程中进行现场评价和总结，在活动结束后进行分析和整理，作为幼儿重要的活动资料进行保存或者展览。同时，教师有责任和义务引导幼儿家长一起对这些作品进行恰当的认识和评价。

二、幼儿园教师职业道德心理

（一）幼儿园教师自我职业认同

1. 定义

在人类漫长的发展历史中，由于生产力的发展产生了不同的职业分工，每种职业的产生在特定的历史时期都有其社会价值。职业认同指的是人们在从事某种职业时发自内心的认可自己职业做带来的社会价值，并且能够享受职业所带来的的幸福感。幼儿教师的职业认同指的是从事幼儿教育的教师在自己的工作岗位上，能够理性地面对各种问题并且能够积极乐观地进行解决，同时能够享受工作中的成就感。幼儿教师的职业认同能够体现幼儿教师的工作态度，为幼儿教师的工作增加动力，同时由于工作对象的原因又有与其他职业不同的特征。

2. 特征

（1）动态性

幼儿教师的职业认同是一个逐渐发展、完善的过程，这种过程是不断变化的。在过程中，幼儿教师的工作经验不断增加，对工作的认知程度逐渐加深，从而慢慢适应幼儿教师这一角色。在幼儿教师的职业认同发展过程中，幼儿教师从"学生"逐渐转变为"教师"，这是一种角色的转变，另外，幼儿教师还要经历从"新手"到"成熟"的转变。在经历这些变化之后幼儿教师的思想会逐渐发生变化，逐渐认可自己的工作并享受工作。

（2）共生性

幼儿教师的职业认同是不同因素共同作用的结果，与幼儿教师的学习、生活以及工作环境都有很大关系。由于不同幼儿教师受教育的程度不同，所以在工作中遇到的问题和解决问题的方式也会有差异，导致幼儿教师对工作的认同程度有所不同，这是影响幼儿教师职业认同的一个方面。另外，从物质角度上讲，幼儿教师的经济收入相对不高，导致很多幼儿教师对自己职业的认可度较低，从而降低自己工作的积极性，这也是影响幼儿教师职业认同非常重要的方面。

（3）独特性

与其他职业相比，幼儿教师的职业认同具有独特性。社会上对幼儿教师有不同的理解，有很大一部分人认为幼儿教师只是"看孩子的"，这是一种非常错误的观念，这种观念也代表了社会对幼儿教师的期望普遍不高。但是幼儿教师是一项综合能力要求比较高的工作，只有亲身经历才能体会幼儿教师的重要性。这种社会理解与自我认知的不对称，导致幼儿教师这一职业具有明显的独特性。另外，每名教师自己对幼儿教师这一职业的理解也不尽相同，对职业认同表现出不同的程度，体现不同的个体特征。

3. 个体影响因素

（1）角色定位

幼儿教师这一职业如果细分的话可以分为不同的角色，分别是行为管理者、照顾者、玩伴、指导者、物品管理者、观察者和不在场者。同时，在实际工作中，很多幼儿教师还要扮演"父母"的角色。幼儿教师就是在这些角色中不断进行转换，导致很多教师在刚开始工作时很难把握工作的重点和方向，无法在很短的时间适应自己的角色。这种复杂多变的角色转换很容易导致教师对自己的工作产生怀疑，阻碍幼儿教师的职业认同，从而逐渐懈怠，失去工作的动力。

（2）专业化程度

随着物质水平的提高和人们生活节奏的加快，更多的家长选择在孩子接受义务教育前将孩子送到幼儿园，一方面拓展幼儿的视野，另一方面有更多的工作时间。但是，幼儿教师的专业化程度并未随着幼儿入园数量的增加而提高。主要体现在以下几个方面。

第一，理论素养不高。很多幼儿园在选拔幼儿教师的时候过分注重教师的才艺展示，而忽视了对教师教育理念的考核，这在一定程度上限制了幼儿教师综合素养的提升。幼儿工作一方面要具有一定的才艺，另一方面也要具有一定的理论素养，能够指导幼儿教师开展教学工作，全面促进幼儿身心的健康发展。没有理论支撑的幼儿教育是盲目的，无法带动幼儿教育整体质量的提升。

第二，幼儿教师的学历普遍不高。当前，很多幼儿园对幼儿教师的学历水平要求不高，一般大专或者中专水平，这也是很多高学历学生不愿选择幼儿教师的原因。

第三，缺少系统的职业培训。由于幼儿教师的学历普遍不高，所以幼儿教师的在职培训就显得比较重要。在职培训也是一项非常重要的提升幼儿教师能力的形式，需要长期坚持。但是，当前很多幼儿园并没有系统的在职培训，即使有也是比较简单的。

（3）职业兴趣

每个人都有自己的兴趣，它是人们从内心喜欢认识并愿意从事某种活动的表现。兴趣能够引导人们积极地钻研某种事物或者活动，具有很强的心理倾向。从这方面讲，职业兴趣就是人们喜欢从事某种职业并愿意在某种职业方面有所发展。如果人们从事的职业与自己所学的专业比较相符，那么就会对职业和专业产生比较高的认同感。职业兴趣能够为人们的工作提供强有力的支持，进而促进人们的职业认同。职业兴趣还能够影响人们的职业动机，职业兴趣越强，职业动机越强。

总之，职业兴趣能够影响人们的职业认同。另外，社会对职业的需要程度也在一定程度上影响人们的职业兴趣。社会需要的职业一般才是人们乐于从事的职业，才会引起人们的兴趣，从而促进人们的职业认识。我国幼儿教育事业起步时间比较晚，近几年才有一定程度的发展，导致社会对幼儿教师的认可度相对较低，这在一定程度上影响着幼儿教师的职业兴趣，导致很多幼儿教师无法充分认识到自己工作的价值，进而影响职业认同。

（4）归因方式

幼儿教师在实际工作过程中肯定会遇到不同的问题，这些问题与教师工作的对象有很大关系。有很多教师在遇到问题时容易钻牛角尖，不能客观全面地分析问题，喜欢把问题全部归结到自己身上，这是非常片面的，容易导致职业认同感降低。

（二）幼儿园教师职业幸福感

1. 定义

每个人获得幸福的方式不同，对幸福的看法也不一样，但是人们都追求幸福。

如果能在自己的职业中感受到幸福，那是一件非常幸运的事情。幼儿教师的幸福感与幼儿教师的教学环境、工作内容和面对的对象有密不可分的关系。幼儿教师的职业幸福感指的就是幼儿教师对工作的享受程度。如果幼儿教师的职业幸福感比较高，那么对于自己和幼儿来说都是一件好事。职业幸福感比较高的教师能够全身心地投入幼儿教育工作，能够在工作中感受到快乐，从而也会给幼儿带去快乐，使幼儿在快乐、放松的环境中自由发展。

2. 内在构成要素

幼儿教师的职业幸福感的来源不同，构成要素就不同。但从大的方面可以将构成要素分为主观和客观两种。

主观方面包括身体素质、心理状态、职业期望等；客观因素包括教学环境、社会环境、工作荣誉等。

3. 幼儿教师职业幸福感的获得与发展

良好的职业幸福感能够为幼儿教师的工作提供持久的动力，提高幼儿教师工作的积极性，因此，应当着重提高幼儿教师的幸福感，帮助幼儿教师在工作中发现并获得幸福感。

（1）提高情绪管理能力

首先，幼儿教师应当加强自身学习，积极学习情绪管理的方法。每个人都有自己的情绪，无论是好的还是坏的情绪都应当控制在合理的范围之内，这样才能更好地工作和生活。当情绪波动时，幼儿教师应当客观分析情绪产生的原因，选择合理的方法进行调节。

其次，幼儿园管理者应当具有发现幼儿教师情绪的能力，并在幼儿教师情绪出现波动时进行有效指导。幼儿园可以定期举办心理专家讲座或者聘请专业的心理医生定期到幼儿园为幼儿教师提供心理援助。另外，幼儿园管理者应当积极营造健康、融洽的工作气氛，使幼儿教师始终处于和谐的工作环境中，这样更有利于教师的情绪控制。

（2）加强锻炼增强身体素质

幼儿教师肩负着保育和教育的双重任务。随着幼儿教育的发展，社会对幼儿教育越来越重视，从而对幼儿教师的要求也越来越高，造成幼儿教师的心理负担越来越重。运动是一种非常好的缓解心理压力的方法，同时也能够让人保持积极向上的生活态度。幼儿教师加强身体锻炼不但能够提高自己的身体素质，同时能够保持对待工作的热情。幼儿园管理者也可以定期组织幼儿教师集体运动，增加幼儿教师的团队合作意识，同时还应当定期组织体检，提高幼儿教师的健康意识。

（3）及时更新教育理念

第一，营造开放的班级教学环境。幼儿虽然身心发展不成熟，但是已经会模仿教师的言行举止，因此，教师可以积极引导幼儿参与到班级管理之中，发挥幼儿的主观能动性，培养幼儿的责任意识。

第二，以游戏为主开展教学。游戏是幼儿的天性，幼儿教师应当设计丰富多样的游戏项目，并在不同的游戏项目中培养幼儿的合作能力、团队意识、自理能力等，使幼儿在游戏的同时获得知识、增加经验。

第三，客观真实地评价。在游戏活动中，幼儿教师应当及时发现幼儿的优缺点，尊重幼儿之间的发展差异，适时对幼儿进行鼓励和肯定。另外，还要客观、科学地对幼儿的表现做出评价，引导幼儿建立自信，增强面对挫折的勇气。

第四，树立终身学习的意识。学习永远是进步的最佳途径。幼儿教育发展步伐越来越快，幼儿教师应当与时俱进，积极学习先进的幼儿教育理念，以先进的理论指导自己的教学。同时，幼儿园管理者也应当积极组织幼儿教师参加理论培训，提高幼儿教师的思想认识。

（4）提高幼儿园管理水平。

幼儿园作为幼儿教师和幼儿活动的主要场所，应当具有良好的适合教师和幼儿身心发展的环境。幼儿园管理者应当积极、广泛地听取教师和家长的意见，加强与社会的沟通交流，不断提升幼儿园管理水平，努力为幼儿和教师营造良好的学习和教学环境。另外，家长也应当提升对幼儿教师的信任度，这样更能提升幼儿教师的自信心和幸福感。

第三节　幼儿园教师职业道德的遵守现状

目前，教师职业道德失衡的现象屡见不鲜，表现形式复杂多样，涉及领域范围广泛，危害程度较为严重，已成为师德建设中的绊脚石。如何正确认识教师职业道德的本质，如何开展针对缺失问题的研究，如何找寻应对策略，已经引起教育研究者们的关注。

环境是影响思想观念的重要因素，在社会大环境当中，经济因素又是冲击教师职业道德的核心力量。我们看到，市场经济是一把双刃剑，在激发人的进取精神，强化人的时间效益观念，培养人的自由平等观念的同时，也在利用利益最大化的目标，滋生和诱发出各种拜金主义行为，使人们的拜金思想变得严重，小团体的利益与社会利益相分离，个人主义思想和浮躁行为处处可见，许多人的世界观、人生观和价值观受到了冲击，教师从业者也难于幸免。幼儿园教师职业道德缺失主要表现在以下几个方面。

一、事业心、敬业精神和责任感的缺乏

事业心、敬业精神和责任感是幼儿教师职业道德的核心内容之一，是幼儿教师搞好保教工作的内在保证，也是幼儿教师不断成长和进步的内在驱动力。有些教师对幼儿教师工作不热爱，只是将这份工作当作一种谋生手段；有些教师备课不够认真或不备课，有的教师不会备课，有的教师不屑备课；有的教师或对教研活动不感兴趣，或不善于搞教研活动，或勉强应付幼儿园的教研要求。因此，幼儿教师缺乏事业心、敬业精神和责任感。

二、职业倦怠、法律观念淡薄、缺少爱心

教师的职业倦怠，是指教师在长期压力下不能顺利应对压力而产生的情绪、态度和行为的衰竭状态，一般表现为工作满意度低、工作热情和兴趣丧失以及情感冷漠，导致工作成效和能力下降。职业倦怠严重影响教师本人的身心健康、导致工作热情和创造力下降，也会导致教师对学生失去爱心和耐心，容易采取简单粗暴的教育方式，摧残幼儿身心健康。

三、价值取向的滑坡和功利化

受市场经济发展带来的负面影响，有的幼儿教师价值取向出现了很大的滑坡，模糊了自己的道德责任；在义、利面前丧失立场；在保教工作中讨价还价，斤斤

计较，漫不经心；一些不良风气正在部分教师中蔓延，有的教师频繁参与赌博，工作时间暗赌，非工作时间明赌，社会影响恶劣；有的教师利用手中权力收受家长财物，接受家长吃请；有的教师巧立名目对学生乱收费等。

四、团队合作精神的缺乏

教师的团队合作精神是教师职业道德的一项重要内容，它包含两种含义：一是教师要有与他人沟通和交流的能力与技巧。人际间的沟通与交流是人类生活的基本要求，它是思想碰撞的方式和途径，失去人际间的互动将孤立于精神与物质世界。与学生的交流、与教师之间的沟通共同组成一种互动的过程，教师的沟通与交流可以有效地促进教育教学质量。二是教师要有与他人合作的能力。拥有一支精诚合作的教师团队是教师个体职业生涯发展的重要内容，也是教育事业发展的有力保障。然而，由于受到个人主义、利己主义等一些社会价值观的负面影响，教师职业道德也受到冲击，部分教师常为一点小小的私人利益，将自己孤立起来，缺乏团队合作精神，"他人即地狱，同伴皆敌人"，甚至与领导、同事因为琐事发生过节，相互斗争，相互排挤，恶意制造事端，毁坏他人形象，严重影响了学术群体和学术团队精神的形成。这是对教师职业道德的破坏，对教师职业形象的损害。

五、与家长的沟通不足

目前，我们发现有些教师很少与家长及时交流和沟通，因此形成了教师与家长之间的互不信任，造成了双方的无形隔阂，甚至出现相互埋怨、相互指责的现象；有的教师不重视与家长沟通，认为做好自己在幼儿园的保教工作就行，不了解幼儿的教育需要家庭和幼儿园教师共同配合才能取得更好的效果；也有少数教师缺乏与家长沟通的技巧和能力。

六、扭曲的行业作风

教师职业是神圣而伟大的。然而，正是这些担负着培养一代又一代栋梁任务的教师，却在教育工作中出现了一些不正之风。例如，有个别教师抵制不住金钱和物质诱惑，利用工作之便找学生家长办私事、谋私利；假借学习之名，向学生收取各种名目的费用；利用假期对学生补课收取一定的费用；向学生推销各类教辅资料收取回扣等。教师的这些行为是受到社会其他行业不正之风的影响，尤其是在市场经济环境下，形成的各种社会非主流的思想观念，对教师职业道德带来了较大的负面作用。

七、教师职责的缺位

职责是指职务上应尽的责任。每一份职业都有所担负的责任与义务，由于受到教师职业工作性质的决定，其职责与其他行业不同。教书育人是一件具有长期性、稳定性的职业，教师要扮演"传道者"、示范者、管理者、朋友、研究者等不同角色，这些角色对教师的职责提出不同的要求。教师职责应该是全方位的，一是对学生的教育要从德育、智育、体育、美育等方面入手，使学生得到全面发展是教育的终极目标；二是教师自身素质的提升。在全面履行教师职责中，教师才能使自己的教学能力得到充分的挖掘和发挥，才能使自己的教学水平进一步丰富和提高，这就是责任与义务的结合。但是在实际的教育生活中，一部分教师不安于乐教，不甘于奉献，利用自己与领导、同事、学生的关系进行私下交易，把教书当作副业即第二职业，不务正业；还有一些教师对教育工作缺乏积极性，不将教育事业放在心中最重要的位置上，反而认为教育工作只是生存的手段，他们不认真备课、上课，不认真批改作业，敷衍塞责，应付了事。这些都属于市场经济环境下和社会转型期出现的各种削弱教师职业道德的现象。

八、行为表现的失范

"为人师表"是对教师职业的简单概括，但在实际的教学活动中，并非每位教师都能做到"为人师表"。例如，在体态仪表上，有些教师在学校衣冠不整，邋里邋遢，不注重自身形象；还有的教师服饰不得体，总爱浓妆艳抹，过于追求时尚，这都会误导学生。在语言上，一些教师不注重语言文明，用词不当，粗话连篇，甚至辱骂学生，这会导致学生逆反心理的产生，抵触教师的事情也时有发生。在行为上，部分教师在学校当着学生的面吸烟，甚至在课堂上吸烟；还有老师在课堂上随意使用手机接打电话，更有甚者，经常赌博、斗殴、酗酒。他们将教师职业道德抛之脑后，完全没有考虑到以榜样的形象出现在学生面前，无法做到"为人师范""为人师表"，这些问题有待于教师从思想观念上给予纠正。

九、敬业精神的匮乏

教师的敬业与奉献精神是教师职业道德的重要内容之一，是建立在教师对职业的个人理解之上的。教师职业饱含社会及相关群体的期望，而教师本人需要对这种期望产生相应的认同感与责任感。为了履行好自己的职责，教师要有崇高的敬业和勇于奉献的精神，他们"燃烧了自己，照亮了别人"，在繁重的教育工作中忠于职守、甘于奉献，并将这种精神传递下去。然而，与敬业奉献精神相悖的还有一些不良行为。例如，一些教师并没有立志于将自身奉献给教育事业，在工作中敷衍了事，不安心本职，偷工减料，常在学生面前发牢骚，对学生产生相当大的负面影响；一些教师消极怠工，没有开拓进取的精神，在教学中不能创新，完成教学任务就万事大吉，对学生学习毫不关心，甚至随意停课、调课；另一些教师缺乏基本的耐心，对学生的错误采取零容忍，批评教育的方式也有失偏颇。总之，教师的敬业奉献精神是教师职业态度的集中表现，受到来自时代、环境、价值取向等多种因素的影响，提升教师敬业奉献的精神是教育工作的需要，也是提高个人思想境界的需要。

第四节　幼儿园教师职业道德的提升路径

幼儿教师职业道德水平的提高需要各方共同支持，是一个逐步提高的过程，在这个过程中，社会、幼儿园、教师个人都应当积极参与。

一、社会应给予学前教育充分的重视与支持

社会的发展和支持是促进幼儿教育发展的重要因素。当前，学前教育尚未纳入我国义务教育，但是，随着我国幼儿教育发展的逐步加快，政府也逐渐加大对幼儿教育的投入，积极调动和分配社会资源为幼儿教育的发展服务。但是，在幼儿教育的发展过程中还有很多不完善的地方，政府监督力度不够大。

当前，随着社会媒体的不断发展，人们获得消息的渠道越来越多，个别幼

儿教师的虐童事件在社会上造成了恶劣的影响，严重损害了幼儿教师的职业形象，这对幼儿教师的职业发展是非常不利的。人们在关注这类新闻时往往会以偏概全，对幼儿教师产生不好的印象。因此，政府部门应当加大监管力度，积极营造良好的幼儿教育环境，强化对幼儿教师的职业道德教育，给予幼儿教师更多的关注。同时，政府部门应当健全法律法规体系，用法律来限制幼儿教师的失德行为。另外，社会大众应当加强对幼儿教师的监督，促进幼儿教师职业的健康良好发展。

对于社会媒体来说，在报道幼儿教师的负面新闻的同时也应当对优秀幼儿教师的典型案例进行报道，积极发挥媒体的正面导向作用。

二、幼儿园应健全用人制度，开展职工培训

幼儿教师作为与幼儿接触时间最长的职业，如果没有良好的职业道德，很容易对幼儿脆弱的心灵造成伤害。想要尽量避免幼儿教师失德现象的发生，首先幼儿园应当建立严谨的用人机制，严格考察入职人员的道德情况，并将道德作为首要条件。其次，幼儿园管理者应当定期对幼儿教师开展道德教育，使幼儿教师及时发现自己思想上的不足，调整自己的心态，始终将道德放在工作的第一位。

三、幼儿教师应用职业道德规范严格要求自己

作为一名幼儿教师，应时刻按照幼儿教师职业道德规范的要求来严格要求自己。如今，随着市场经济的发展，享乐主义、功利主义、拜金主义等不良思想也延伸到了教育行业，蔓延到教师队伍中，有些幼儿教师没有抵抗住金钱的诱惑而收取家长红包获取非法的灰色收入，有些幼儿教师想获得舆论的关注而利用幼儿的隐私或某些行为谋取热度，有些幼儿教师只顾自己享乐而利用狠毒的手段让幼儿听话等，追溯其源头都是因为幼儿教师没有严格按照职业道德规范来严格要求自己，随波逐流，试图钻法律的空子，而做出种种道德失范行为。幼儿教师是人类文明的工程师，是幼儿成长路上最重要的启蒙者，是幼儿学习和模仿的榜样，幼儿教师应意识到自己职业的重要性和独特性，按照职业道德规范来要求自己，不断完善自我，时刻铭记自己的职业使命。

参 考 文 献

[1] 马瞬琴. 幼儿科学探究活动中教师提问的设计 [J]. 学前教育研究, 2010, (01): 47-50.

[2] 周颖. 游戏精神: 幼儿教育的价值诉求 [J]. 陕西学前师范学院学报, 2017, 33 (01): 6-10.

[3] 程秀兰. 幼儿教育本质的规定性及其意义 [J]. 学前教育研究, 2014, (09): 3-13.

[4] 严仲连, 盖笑松. 论治理幼儿教育小学化的合理路径 [J]. 东北师大学报 (哲学社会科学版), 2014, (01): 150-154.

[5] 杜屏, 朱菲菲, 杜育红. 幼儿教师的流动、流失与工资关系的研究 [J]. 教育与经济, 2013, (06): 59-65.

[6] 王钢. 幼儿教师职业幸福感的特点及其与职业承诺的关系 [J]. 心理发展与教育, 2013, 29 (06): 616-624.

[7] 胡芳芳, 桑青松. 幼儿教师职业认同、社会支持与工作满意度的关系 [J]. 心理与行为研究, 2013, 11 (05): 666-670.

[8] 孙雅婷. 幼儿教师流动与幼儿园教师管理的相关研究 [D]. 武汉: 华中师范大学, 2010.

[9] 张晓辉. 幼儿教师的社会地位 [J]. 学前教育研究, 2010, (03): 55-57.

[10] 王丹. 中国幼儿教育思想变迁与教育实践研究 [M]. 石家庄: 河北人民出版社, 2018.

[11] 叶平枝. 在幼儿教育课程改革背景下重新审视关键经验的意义、内涵与特征 [J]. 学前教育研究, 2008, (11): 7-11.

[12] 廖浩然, 田汉族, 彭世华等. 我国幼儿教育非均衡发展现状与对策分析 [J]. 学前教育研究, 2008, (02): 17-21, 34.

[13] 杨燕. 我国幼儿教育发展的问题与对策 [J]. 天津市经理学院学报, 2007, （04）: 59-60.

[14] 孙瑞杈. 幼儿教师职业角色认同的研究 [D]. 大连: 辽宁师范大学, 2007.

[15] 朱宗顺. 美国幼儿教师教育标准及启示 [J]. 教师教育研究, 2006, （04）: 76-80.

[16] 常璐. 教师介入幼儿游戏的时机研究 [D]. 武汉: 华东师范大学, 2006.

[17] 曾晓东. 我国幼儿教育由单位福利到多元化供给的变迁 [J]. 北京师范大学学报（社会科学版）, 2006, （02）: 11-16.

[18] 于冬青. 幼儿教育事业发展现状分析及相关建议 [J]. 学前教育研究, 2005, （11）: 29-31.

[19] 黄绍文. 幼儿教育小学化现象辨析 [J]. 学前教育研究, 2005, （09）: 10-11.

[20] 杨宁. 叙事: 幼儿教育的基本途径 [J]. 学前教育研究, 2005, （Z1）: 14-17.

[21] 朱家雄, 张婕. 我国民办幼儿教育的发展与展望 [J]. 学前教育研究, 2004, （Z1）: 29-31.

[22] 蔡迎旗, 冯晓霞. 论我国幼儿教育政策的公平取向及其实现 [J]. 教育与经济, 2004, （02）: 33-36.

[23] 王化敏. 关于幼儿教育事业发展状况的调查报告 [J]. 早期教育, 2003, （05）: 2-5.

[24] 束从敏. 幼儿教师职业幸福感研究 [D]. 南京: 南京师范大学, 2003.

[25] 冯晓霞. 幼儿教育应立足于儿童一生的可持续发展 [J]. 人民教育, 2002, （06）: 25-26.

[26] 陆珠玲. 幼儿教师生存状况调查研究 [J]. 广东教育学院学报, 2001, （04）: 77-80.

[27] 王春燕. 幼儿教育新的价值取向: 幼儿教育与生活的融合 [J]. 学前教育研究, 2001, （05）: 9-10.

[28] 李晴霞. 试论幼儿教育中的隔代教养问题 [J]. 学前教育研究, 2001, （03）: 16-17.

[29] 李生兰. 幼儿教师工作压力的调查研究 [J]. 山东教育（幼教版）, 2000,（18）: 10-13.

[30] 刘焱. 我国幼儿教育领域中的游戏理论与实践 [J]. 北京师范大学学报（社会科学版）, 1997,（02）: 55-61.